BERND & HILLA BECHER

Bernd & Hilla Becher

BASIC FORMS

GRUNDFORMEN

Foreword by Gunilla Knape
Text by Susanne Lange

Vorwort von Gunilla Knape
Text von Susanne Lange

English/German edition
Englisch/deutsche Ausgabe

SCHIRMER/MOSEL

FOREWORD

GUNILLA KNAPE

Bernd and Hilla Becher are two of the most influential visual artists of our time. Since the beginning of the 1960s, they have documented industrial buildings whose architecture is totally dictated by their function. The Bechers' passion for these industrial structures has resulted in photographs that are a priceless treasure of cultural and technological history from a vanishing industrial era. These images render the unglamorous edifices with the same monumentality and timelessness as used for historically important ancient architecture or new designs. Their subjects evince an unexpected and controlled beauty, while even the most minute detail is reproduced with precision.

Bernd and Hilla Becher belong to that rare band of artists who have felt such a passion for their subjects that they have constantly followed their own path and kept firmly to it, often going against the current trends in photography. They first attracted attention during the 1960s and early 1970s at joint exhibitions in Europe and the USA with artists working with minimalism and conceptual art. It was only later on that they were recognised as photographers.

Bernd and Hilla Becher's photographs are immediately recognisable by their distinctive style. Systematically and with scientific precision they have reduced the individual structures, revealing them in an unforgettable manner. The buildings have been isolated from their surroundings, put centre stage, and reproduced without distortion. All that is superfluous and narrative has been stripped away. The light is diffuse, with no shadows and not a cloud in the sky. People are rarely present in the pictures, and if there are any it is by accident. The photographs show a fragmented world in which the subject fills the picture surface.

Bernd and Hilla Becher's view of industrial buildings is historically rooted. At the same time, their voluminous documentation bears witness to a unique artistic rigour. Their way of photographing accentuates the structural similarities and differences in the various built structures. This is reinforced by their distinctive mode of presentation, used since the mid-1960s, with groups of photographs arranged in a grid pattern into typologies. The objects thus become more distinct in character and do not just tempt us into an analysis of the individual structures, but also open our eyes to see and discover these constructions in reality. The Bechers' artistry can be excellently summed up in the words of the artist Paul Klee: "Art does not reproduce the visible, it renders visible."

HISTORY OF STYLE – INDUSTRIAL BUILDINGS
THE PHOTOGRAPHS OF BERND AND HILLA BECHER

SUSANNE LANGE

Bernd and Hilla Becher are among those rare artists whose work is part of widely differing collections all over the world. In the visual arts, they have ranked since the 1960s alongside major figures in minimal and conceptual art such as Carl Andre, Donald Judd, Robert Smithson and Sol LeWitt. In the history of photography, their work is mentioned in the same breath as names like Eugène Atget, Walker Evans, Karl Blossfeldt and August Sander, with whom Bernd and Hilla Becher share a passion for the documentary and narrative qualities of the medium. Culturally, their brilliant black-and-white photographs of industrial buildings are rooted in the history of architecture and engineering, where their work provided an early research tool and resource for industrial archaeologists seeking to broaden the scope of architectural conservation.

With their photographs of water towers and winding towers, blast furnaces, silos and gasometer, Bernd and Hilla Becher also set new standards in perceptual aesthetics, presenting heavy industry – something which never had much of a public profile and carried largely negative connotations – as an object of art. Many will recall the almost joyous experience of travelling through the few still intact or deserted industrial areas and suddenly finding what they believed to be one of the Bechers' water or winding towers. Today, those highly engineered constructions are inseparably linked with the two artists' work. Even if in reality they are brightly coloured or rust-red from exposure to the elements, we see them as they appear in Bernd and Hilla Becher's photographs: as black-and-white images, perfect sculptures of a bygone industrial age. Rendered timeless by the camera and isolated from their original, often perplexingly complex surroundings, they appear as monumental symbols of their own history – with all the stylistic diversity of the great masterpieces of architecture.

Although Bernd and Hilla Becher have worked exclusively through photography for 45 years – mastering its techniques and formalism down to the very last detail – this is not because they are primarily interested in the medium. Their passion is for the objects themselves, which can be precisely and systematically preserved only by means of photography. Like any still or moving image generated by a camera, the Bechers' black-and-white photographs are ultimately alienated quotations of reality, their objective dimension developed mainly by the artists' insistence on recording motifs with prosaic precision. Objectivity in this connection means refraining from suggestive imagery,

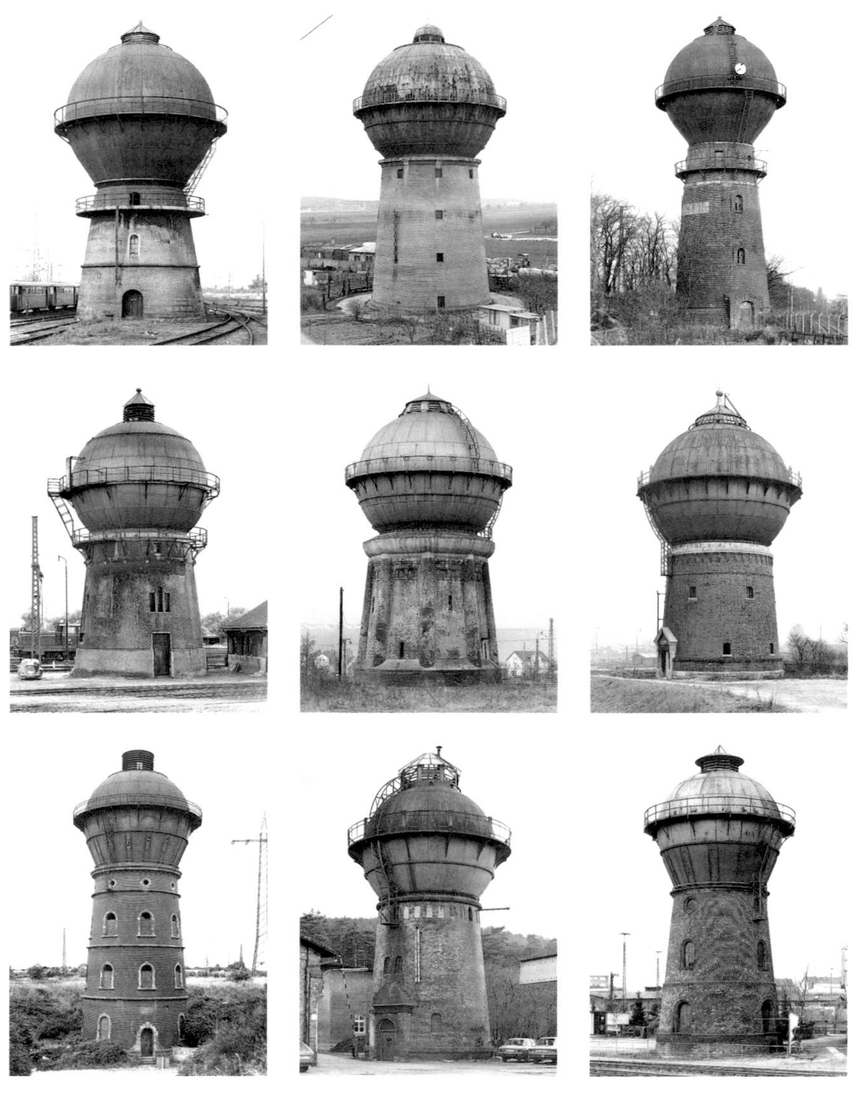

Water Towers 1965–82

symbolism or metaphor. The artists' intention is not to depict subjective responses but to describe the outside world in the most precise terms possible.

So the Bechers' work does not stem from the tradition of post-war Post-expressionism; on the contrary, conceptually and in its contextual analysis of basic industrial forms and structures, it is distinguished by a closeness to the international avant-garde of the 1960s. Initially perceived as plain and unpretentious, the Bechers' photographs of industrial architecture are firmly anchored in minimal and conceptual art. This was recognised in 1972 in a significant article by Carl Andre. Published in *Artforum* under the title "A Note on Bernhard and Hilla Becher", it made the first connection between the typological focus of the Bechers' work and the serial methodology and formal analysis of the new avantgarde.[1] Even though the composition and development of Bernd and Hilla Becher's work has always been fairly independent of contemporary art movements, common ground does exist. Hilla Becher described it as follows in a 1992 interview with Wulf Herzogenrath, the then director of *Kölnischer Kunstverein (Cologne Art Union)*: "What we may have had in common was methodical presentation, no subjective interpretation, acceptance of the subject, the encyclopaedic element."[2]

Nevertheless, the journey on which the two artists embarked led to an intensive study of the industrial face of Europe, which had been changing rapidly since the mid-1950s. The starting point of that journey can be found in the biography of Bernd Becher. Even as a child and teenager, he developed an artistic interest in industrial buildings and the landscape which they so impressively defined. Bernd Becher's parents' home in Siegen was not far from the "Hainer Hütte" steelworks, so he not only saw but also heard and smelled the operations that were performed there daily. That childhood familiarity with industry as a part of everyday life was to remain with him throughout his life. In 1954, after an apprenticeship as a painter and decorator in his father's business and a fairly long period in Italy improving his architectural drawing skills, Bernd Becher enrolled at the State Art Academy in Stuttgart to study painting, typography and graphic art under Karl Rössing. Rössing, an artist still rooted in the principles of *Neue Sachlichkeit* (New Objectivity), encouraged the young student's enthusiasm for in-dustrial and engineering structures and anchored it in the artistic tradition of the 1920s and 1930s.

Because of its rich iron ore deposits, the Siegerland – the area around the town of Siegen – had been a major industrial centre for centuries. But in the mid-1950s, with the creation of the European Economic Community (EEC), it underwent fundamental structural change, something that Bernd Becher quickly foresaw would soon impact on other industrial areas. Before long, the first mines were being shut down and earmarked for demolition on the grounds that they were uneconomical. During vacations, Bernd Becher kept on going back to the Siegerland to do detailed sketches of the plant and buildings of the mines. One place he went to during his frequent visits was the "Eisenhardter Tiefbau" mine at Eisern near Siegen. When he was there in 1957, sketching the preparation plant and winding tower, the demolition work commenced. Using

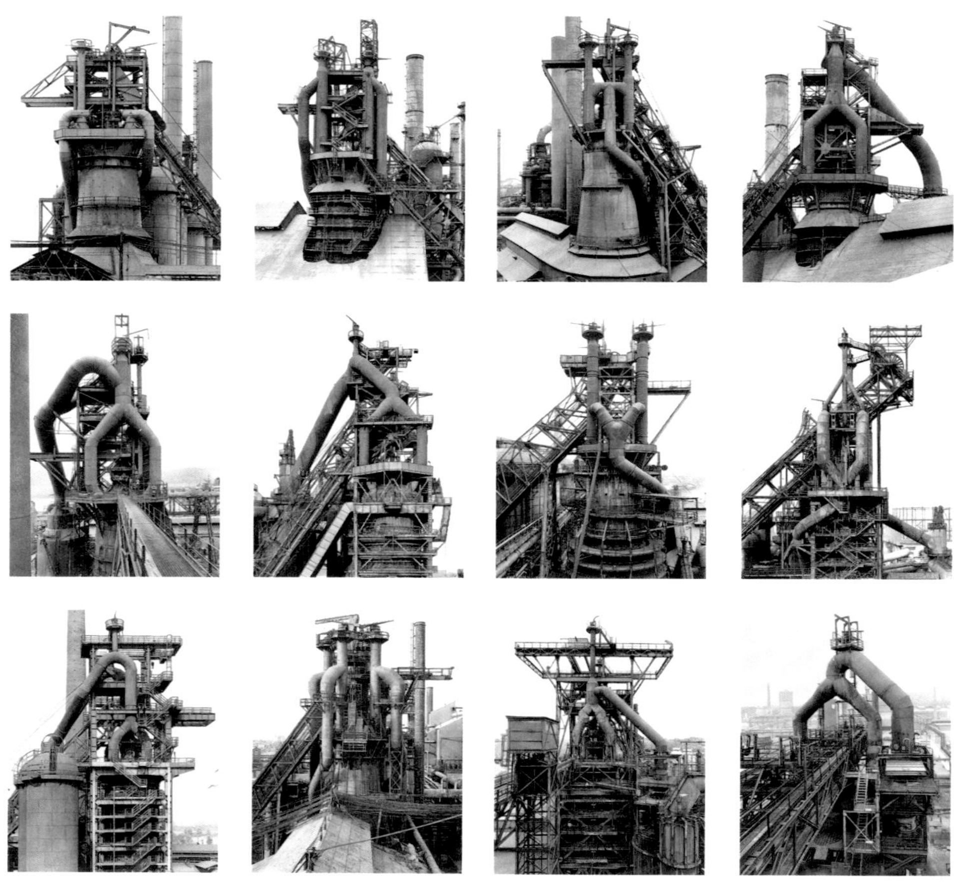

Blast Furnaces, 1970–89

a borrowed 35 mm camera, he started taking photographs as an aide-mémoire for sketches which served as studies for his lino cuts, gouaches and lithographs. Although the technical quality of the photographs was certainly very simple, they enabled him to achieve a degree of precision which could not be realised by sketching alone. Not long afterwards, he decided to use nothing but the camera to capture the images of what was disappearing from the area in which he had grown up. In that same year, 1957, Bernd Becher moved to the Düsseldorf Art Academy to continue his typography studies under the graphic artist Walter Breker. At first, he used collage as a vehicle for his attempts at photography but shortly afterwards discovered that the subjects of his photographs could be effectively arranged for formal analysis by comparative juxtapositioning. Looking back in 1989, Bernd Becher talked about that decision in an interview: "[...] After that I concentrated entirely on photography, very quickly developing the system of photographing the different parts of a plant separately and putting objects of the same kind together in typological series. Creating tableaux of photographs of winding towers, for example, showing the kind of elements that defined the winding towers of a par-ticular time and the regional varieties that developed."[3]

The principle of typology was born as a criterion for arranging and classifying the different objects photographed and was finally formulated and perfected from 1959 onwards in cooperation with Hilla Wobeser. She not only shared Bernd Becher's fascination with the world of technical and industrial themes, what she also contributed to the partnership was an expertise in photographic technique. She had started taking photographs already at the age of 13, receiving crucial support for her youthful ambitions from her mother, who had herself received training as a photographer at the *Lette-Verein* in Berlin in the 1920s. In 1951, Hilla Wobeser embarked on a three-year apprenticeship at the long-established Eichgrün photo studio in her birthplace, Potsdam, where she restarted from scratch on a course of thorough professional training. Regardless of technological innovations, Ernst Eichgrün still worked with a wooden plate camera, with which he taught Hilla Wobeser all the basics of portraiture, still life and architectural photography. With him, she photographed the gardens and buildings in the park of Potsdam's Sanssouci Palace for a book project and she was entrusted with a major assignment documenting the facilities and operations of a railway repair shop. On that assignment, and in later commissions and projects of her own, she built up an understanding of basic engineering shapes, which she also set about recording in industrial areas. After completing her apprenticeship, Hilla Wobeser moved west, working first in Hamburg as an aerial photographer and then, in 1957, moving to Düsseldorf to take up a job with an advertising agency, where Bernd Becher also worked during vacations. A year later, she too enrolled as a student at the Düsseldorf Art Academy, where she was assigned the task of setting up the photographic laboratory where she subsequently held courses for fellow-students. In 1961, Bernd and Hilla Becher married and left the Academy.

For financial and logistical reasons, their work in the early years focussed on the familiar industrial terrain of the Siegerland. As well as the ore mines and ironworks, they also soon discovered the half-timbered houses that were typical of the region. In 1963, Bernd and Hilla Becher extended the radius of their work to the nearby Ruhr, and from there ventured further and further afield. They worked in Holland, Belgium, the northern part of France, Luxembourg and the Saar region, crossed the Channel to England, Scotland and Wales – where they spent six months in 1966 on a British Council grant – and in 1968 produced their first photographs of industrial areas in North

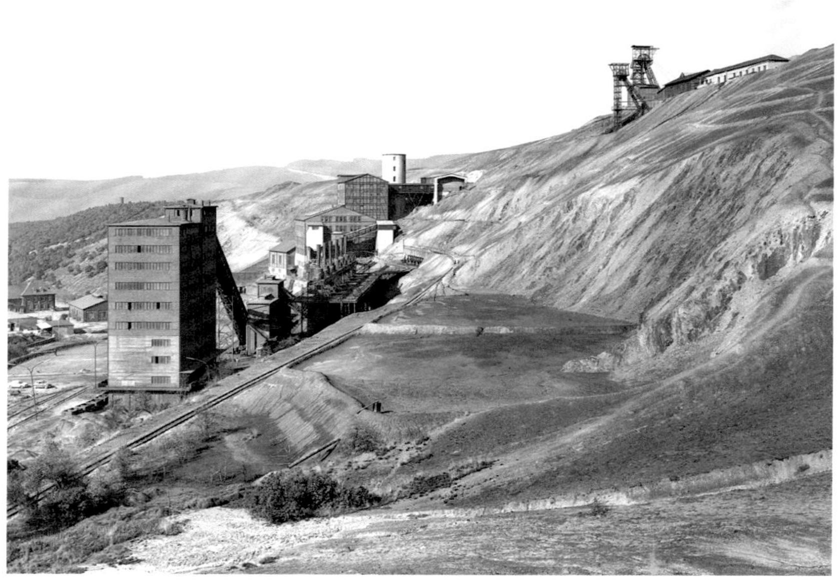

Grube San Fernando, Herdorf, Siegerland, Germany 1961

America. Over the years since then, they have repeatedly visited – and in some cases fully documented – a large number of collieries, ironworks, coking plants, power stations, gravel works and stone-crushing plants before demolition work started or even while it was in progress. In many cases, it was necessary to make exploratory trips first to determine where the camera should be positioned and to get permission to take photographs. Once those preparations were made, it was then a question of waiting for the right weather and for the precise mix of sunshine and cloud needed to ensure the largely neutral background the artists sought for their photographs. On long trips, exposed film often had to be developed in improvised darkrooms so the results could be checked and, if necessary, the shots taken again. Time was almost always a crucial factor and itself started to shape the selection of subjects. Some plants had already been demolished when Bernd and Hilla Becher arrived on the scene and the search for subjects became increasingly a matter of experience, hinging on the expertise which the couple had accumulated by that stage and which enabled them to keep adding typical examples of water towers, winding towers, blast furnaces and other industrial facilities. Such decisions were always subjective, however, free of the constraints of commissions, and thus indicate priorities and preferences in the Bechers' work.

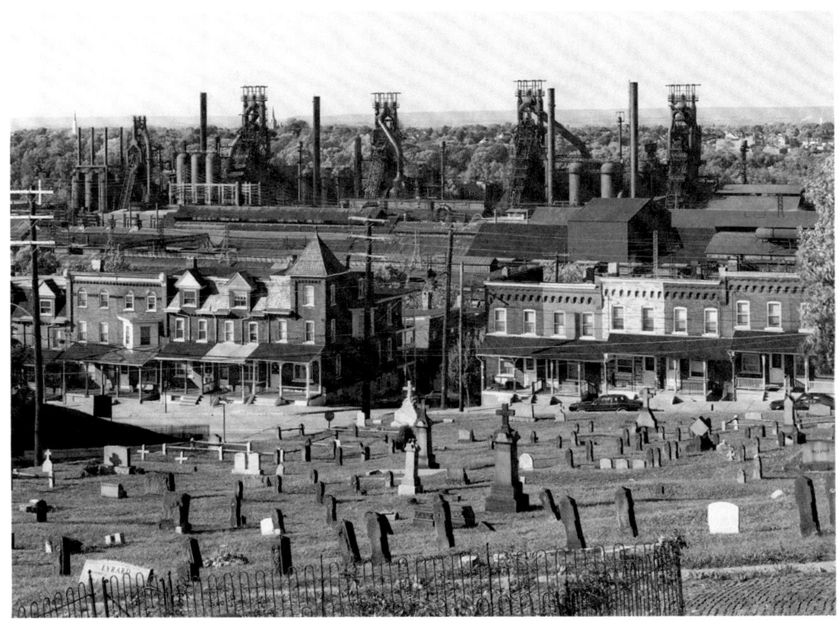

Bethlehem, Pennsylvania, USA 1986

Bernd and Hilla Becher perfected their photographic method from the outset. The best-known form of depiction in their work is a frontal, full-size view of the subject. Because their way of perceiving a subject invariably depends on its design, complex constructions and structures are always photographed from several angles. These serial documentations include at least a frontal and a perspective view and can comprise as many as eight different shots taken at 45-degree intervals around the object. Exceptions are concentric or rotationally symmetrical buildings, such as gasometer, water towers or cooling towers, which are generally recorded in only a single photograph.

What might be taken here for formalist finesse is actually the most perfect descriptive depiction of the real object, which the sequence of images presents as a three-dimensional structure. In a similar way, Bernd and Hilla Becher also captured certain plants in their entirety by photographing them from different viewpoints. These industrial landscapes, which have only recently started appearing more often in books and exhibitions, record the topography of entire plants and show the facilities singled out for individual depiction in their original context, facilitating an understanding of the highly complex structure of industrial installations. The segmentation of whole plants and the focussing on signal building types for presentation in relation to one

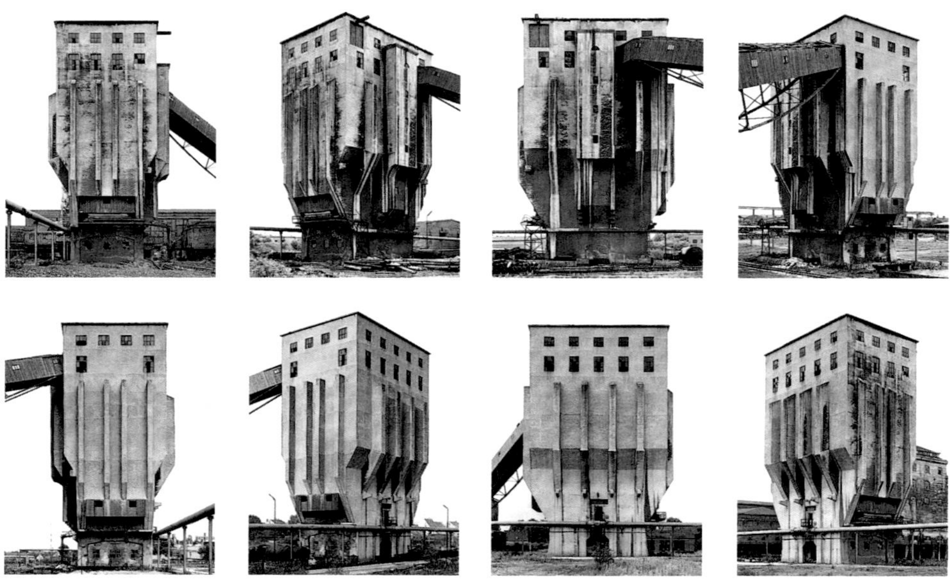

Coke Tower, Zeche Hannibal, Bochum-Hofstede, Ruhrgebiet, Germany 1973

another in new groups of images ultimately amounts to a new form of photographic collage or montage which basically takes its cue from human perception.

The scientific methods of verification that underlie the way Bernd and Hilla Becher work can be seen with particular clarity in the typologies which were important for the presentation of their photographs back in the early 1960s and which still define the appearance of much of their work in exhibitions today. "Scientific description and classification of objects according to complexes of characteristics"[4] is a method used in comparative morphology to identify analogies and convergence between species as a means of defining genotypes. Bernd and Hilla Becher see clear parallels with their own approach in morphology, as they explained in an interview with the author in 1992: "You can apply that method to address any subject really. You could say, for example, that even a blast furnace which was built in the last century and constantly updated and upgraded with pipe systems goes through stages like an insect. In both cases, you can precisely track the developments over time and make comparisons with similar or different versions and variants."[5] Bernd and Hilla Becher started, for example, by assigning motifs in the typologies to "work groups", which they progressively refined and subdivided over the years as their collection of typical objects steadily grew. The work groups developed into families of objects, in which motifs were grouped according to the materials used in their construction – e.g. wood, concrete or steel – and which themselves existed as an extensive range of subspecies and variants. Frontal and perspective views through to shots of construction details, such as the head of a winding tower or blast furnace, then lent grammatical structure to the Bechers' typological language.

Notwithstanding this strictly systematic approach, what brings the typologies to life is the aesthetic sensitivity of the artists, who compose impressive tableaux of e.g. 9 or 15 photographs when putting together their typologies. Each typology strikes its own chord, developing into a symphony of seemingly endless variations on similar yet different themes and condensing into a fascinating score of graphic and sculptural form. The assignment of three-dimensional laws to a two-dimensional space (the wall) also reflects a fundamental tenet of minimal art and, in 1990, won Bernd and Hilla Becher's contribution to the Venice Biennale a "Golden Lion", a sculpture prize. The work qualified for the award in more than one sense, because the photographed objects themselves, in their stylistic formal diversity, can also be regarded as sculptures. In contrast to the traditional understanding of the genre, they appear to us here as anonymous creations, unsigned works, products of technological improvements and economic necessities which subjected the appearance of the constructions to a process of constant transformation.

The phrase "anonymous sculptures" used to describe the art of the Bechers dates back to the year 1969, when it appeared as a headline in the second issue of the Düsseldorf art publication *Kunst-Zeitung*[6]. In the following year, Bernd and Hilla Becher produced their first monograph, which was published under the same title and defined the way their work was received from then on. What seems in retrospect a stroke of almost prophetic genius is Bernd and Hilla Becher's artistic positioning in the late 1960s. Express-ed with gentle irony, it set them apart from the predominant art movements of the time, such as the German strain of "Art Informel" on the one hand and "subjective photog-raphy" on the other. Through Konrad Fischer, whose gallery in Düsseldorf soon be-came a centre for the international avantgarde, Bernd and Hilla Becher met and form-ed early friendships with Carl Andre, Sol LeWitt and others, with whom they were to share a stage for many years at numerous group exhibitions. The "documenta 5" art show staged in 1972 in Kassel was one such event. Curated by Harald Szeemann, it marked a first in bringing together new media such as film and video, performance and installations in a presentation of international contemporary art.[7] In the same year, gallerist Ileana Sonnabend took the Bechers onto her books and arranged their first exhibition in New York, forging a bond of close cooperation which still con-

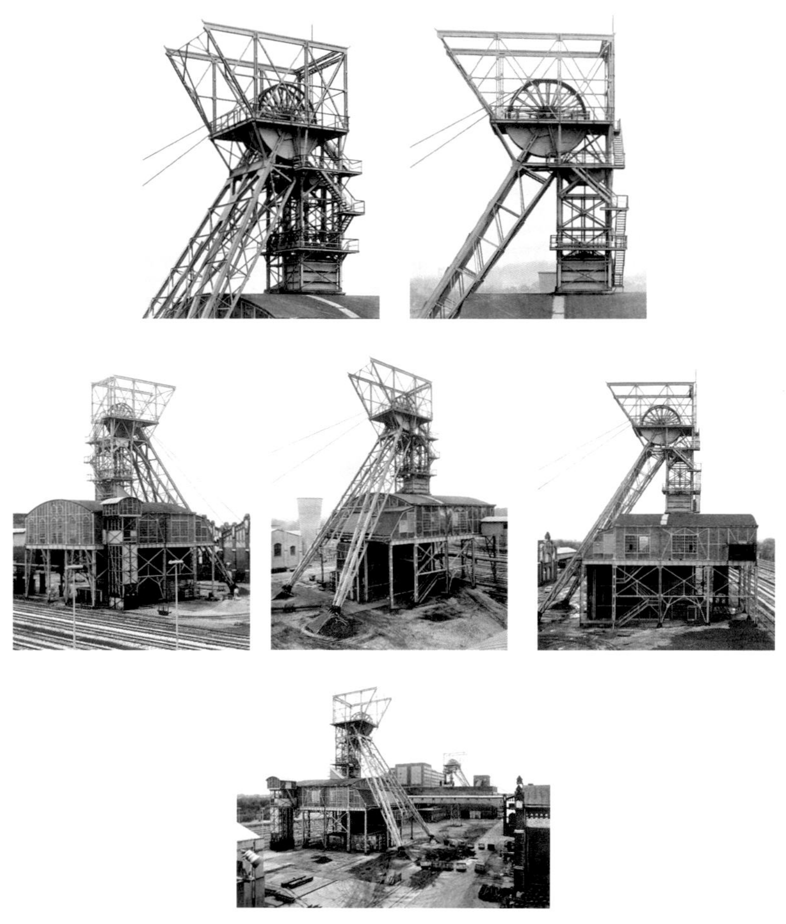

Zeche Waltrop, Waltrop, Ruhrgebiet, Germany 1982

tinues until today. Two years later, Bernd and Hilla Becher's work passed its first review in the world of contemporary photography. Along with Robert Adams, Lewis Baltz, Stephen Shore and others, it was featured in the now legendary exhibition "New Topographics: Photographs of a Man-altered Landscape". Staged at George Eastman House in Rochester, the show presented a range of standpoints on the issue of industry's imprint on landscape and culture.

At the "documenta 6" show in Kassel, put together under the artistic direction of Manfred Schneckenburger, the Bechers' photographs were displayed for the first time alongside related work from photographic history. Together with Lee Friedlander and Diane Arbus, Bernd and Hilla Becher were placed in a context shaped by Eadweard

Muybridge's early studies of movement, Walker Evans' poetic documentary work exploring everyday American culture, Karl Blossfeldt's systematic – and usually vastly enlarged – plant studies seeking analogies between art and nature, and the portrait photography of August Sander. The latter's massive portfolio project "People of the 20th Century", attempting to describe the professions and classes, the occupational types and family structures of the Weimar Republic in personal portraits presented as universal images of humanity, was particularly close to Bernd and Hilla Becher's encyclopaedic approach. Like Bernd Becher, Sander also took his first photographs in the Siegerland – as a surface worker at one of the numerous mines around Herdorf at the end of the 19th century. Many of Sander's photographic icons show the simple farmers and tradesmen of the area in which he grew up and which he took as the starting point for his systematic study and record of his culture and time. The notion of what is "typical" also played a key role in August Sander's work, requiring detachment and objectivity as well as personal passion for the subject.

Another thread of tradition leads back from the Bechers to the early depictions of industry in painting and the graphic arts – before the subject found its way into photog-raphy and eventually came to be managed and marketed in the form of photographic archives by industrial enterprises themselves. Right at the beginning of their collaborative venture, Bernd and Hilla Becher scoured a number of industrial archives in the Siegerland and Ruhr looking for gaps and overlaps in their own intended project. Hundreds of industrial photographs, including anonymous pictures of disused collier-ies and other places of employment found their way into the artists' collection. They even created an extensive working archive on the subject of industry and engineering, clearly showing the possible scope for a comprehensive study of the type of object selected. At the same time, their tireless interest in the profane architecture of industry provided very important stimuli for architectural conservation. One of the first industrial structures listed for conservation in the Ruhr was the *Zollern 2* colliery at Dortmund-Bövinghausen, which Bernd and Hilla Becher started documenting in detail a year before its listing in 1970. As part of a project planned along the B1 highway in the Ruhr region, where various artists were invited to contribute works to the outside space, Bernd and Hilla Becher suggested preserving the main industrial buildings along the route instead of utilising the site for new objects. That logical and pragmatic idea, underlining yet again where the artists' priorities lie, ultimately resulted in a vigorous campaign to preserve the machine hall of the *Zollern 2* colliery[8] – a campaign that was to be followed by many more action plans to save crumbling witnesses of the industrial past elsewhere in Europe.

Bernd and Hilla Becher have received further major awards and accolades for their life's work, especially in recent years. Often among the principal reasons cited for their selection is the two artists' influence as teachers at the Düsseldorf Art Academy. There, in collaboration with Hilla Becher, Bernd Becher held the first chair of artistic photography between 1976 and 1996. Bernd and Hilla Becher's great gift for passing on their artistic knowledge and experience to new generations of committed artists interested in photography[9] has not only made art history; it also underlines their place in the future of art, rooted in standpoints which have yet to be defined.

Cologne, June 2004

NOTES

1 Carl Andre: "A Note on Bernhard and Hilla Becher", in: *Artforum*, December 1972, p. 59.

2 Unpublished interview with Bernd and Hilla Becher conducted by Wulf Herzogenrath on September 10, 1992 (Bernd and Hilla Becher archive).

3 Bernd Becher quoted by Michael Köhler: "Interview with Bernd and Hilla Becher", in: *Künstler. Kritisches Lexikon der Gegenwartskunst*, edited by Lothar Romain and Detlef Bluemler, 7th edition, Munich: WB Verlag, 1989, p. 14.

4 *Brockhaus Enzyklopädie*, 19th, fully revised edition, vol. 22, Mannheim: F.A. Brockhaus GmbH, 1993, p. 528.

5 Bernd and Hilla Becher in an interview with Susanne Lange, in: *Bernd und Hilla Becher: Industrielandschaften*, (Bernd and Hilla Becher. Industrial Landscapes) Munich: Schirmer/Mosel Verlag, 2002, p. 11.

6 *Kunst-Zeitung*, no. 2, ed. Hans Kirschbaum, Eugen Michel, Düsseldorf, January 1969.

7 Bernd and Hilla Becher presented seven typologies in a room with works by Mel Bochner, John Baldessari and Stanley Brouwn in the "idea section" of "documenta 5" devised by Konrad Fischer and Klaus Honnef. Bernd and Hilla Becher's contribution consisted of typologies of gasometers, water towers and cooling towers in arrangements of 3 x 3 photographs.

8 More than 140 of the photographs of the colliery taken by Bernd and Hilla Becher over a period of just two years were published in 1977 as part of the Fritz Thyssen Foundation research project on 19th century art. Cf. *Bernhard und Hilla Becher: Die Architektur der Förder- und Wassertürme: Industriearchitektur des 19. Jahrhunderts* (Bernhard and Hilla Becher: Winding and water tower architec-ture: Industrial architecture of the 19th century), Heinrich Schönberg and Jan Werth: *Die technische Entwicklung* (Technological Development), Munich: Prestel, 1971 [= Studies of 19th century art, a re-search project of the Fritz Thyssen Foundation art history working group, vol. 13].

9 These include successful artists like Thomas Struth, Candida Höfer, Thomas Ruff and Andreas Gursky, as well as younger ex-students such as Simone Nieweg, Bernhard Fuchs and Natascha Borowsky.

PLATES

TAFELN

Water Tower / Wasserturm

Trier-Ehrang, D 1982

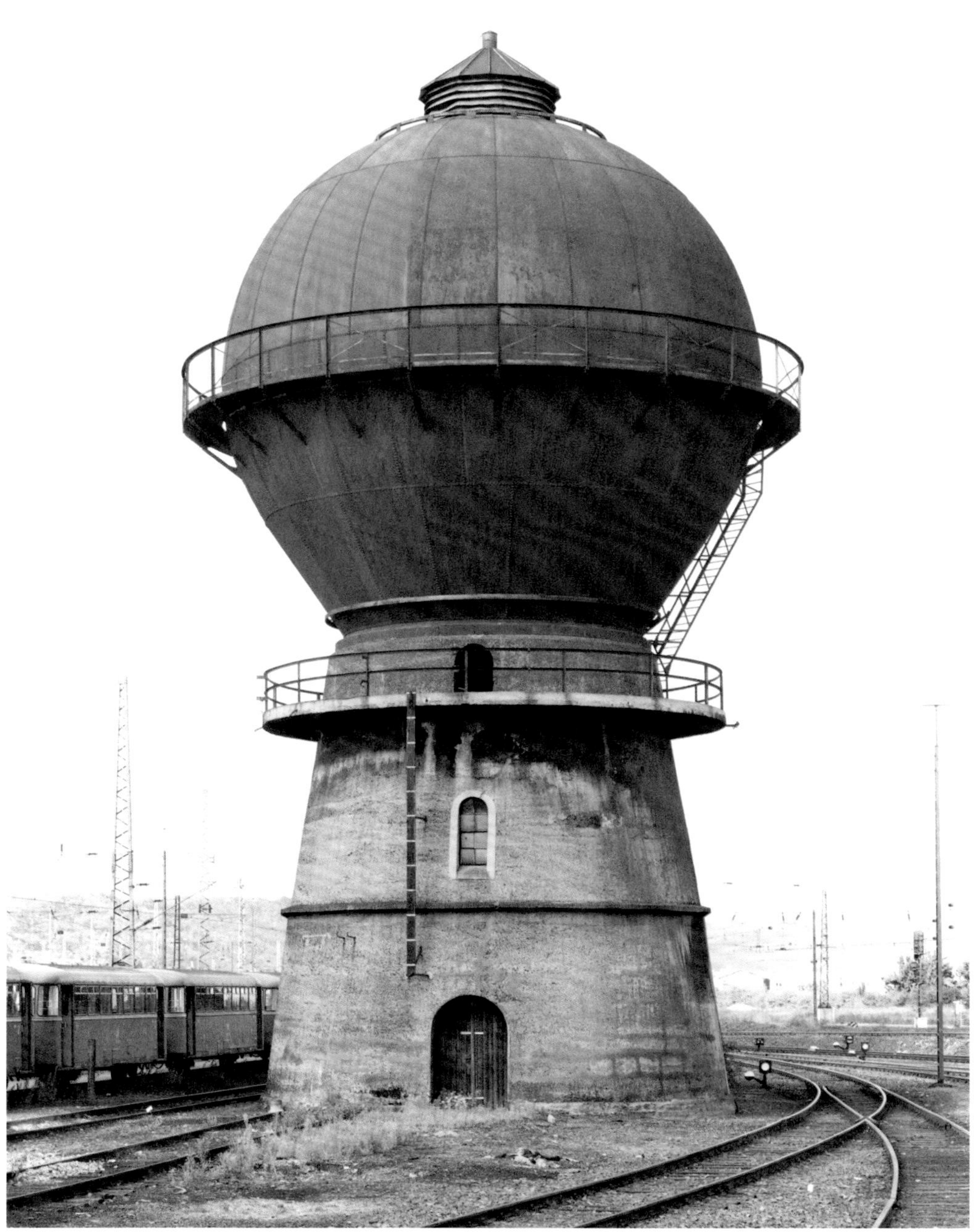

Water Tower / Wasserturm
Recklinghausen, D 1978

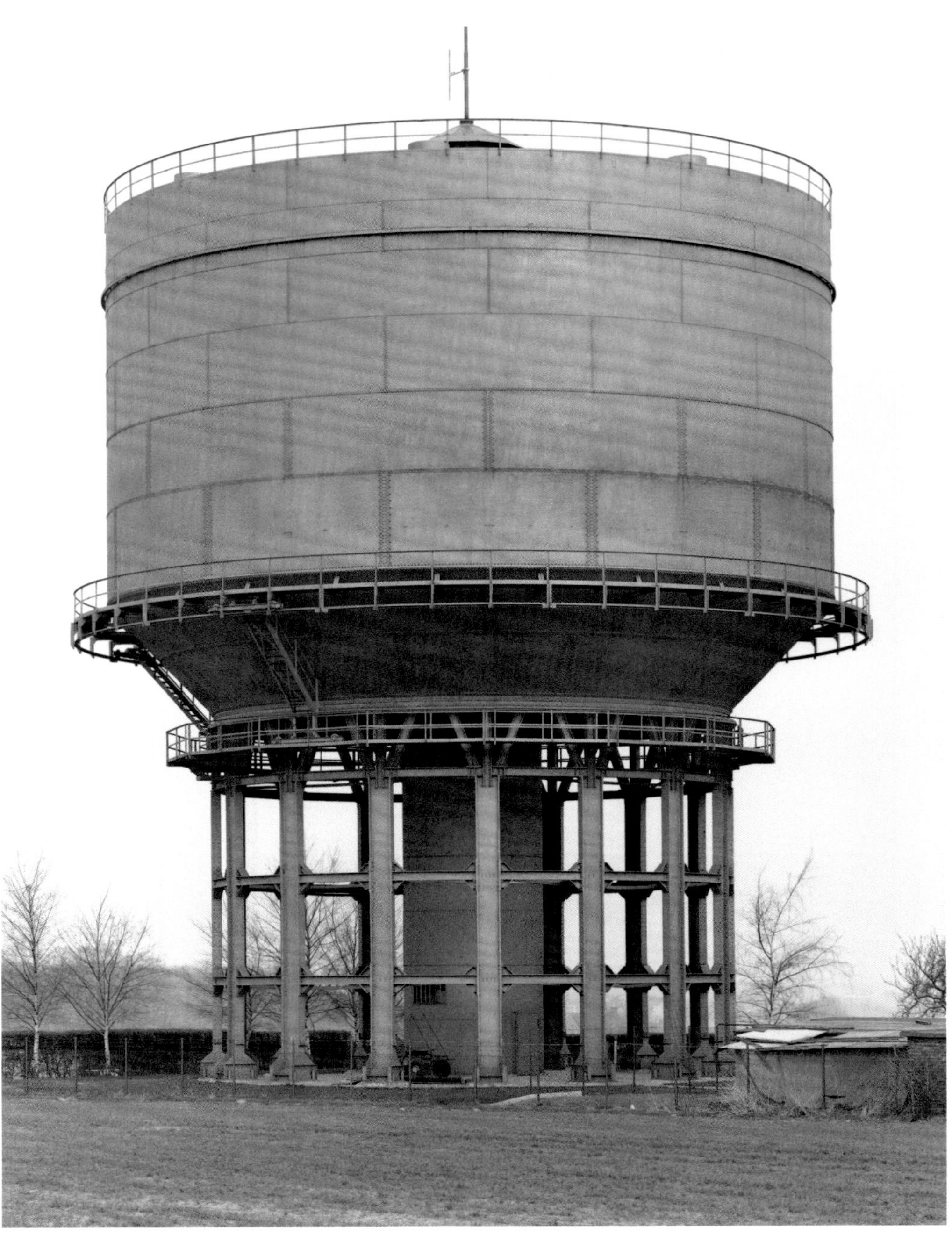

Water Tower / Wasserturm

Dieulourd, Lorraine, F 1972

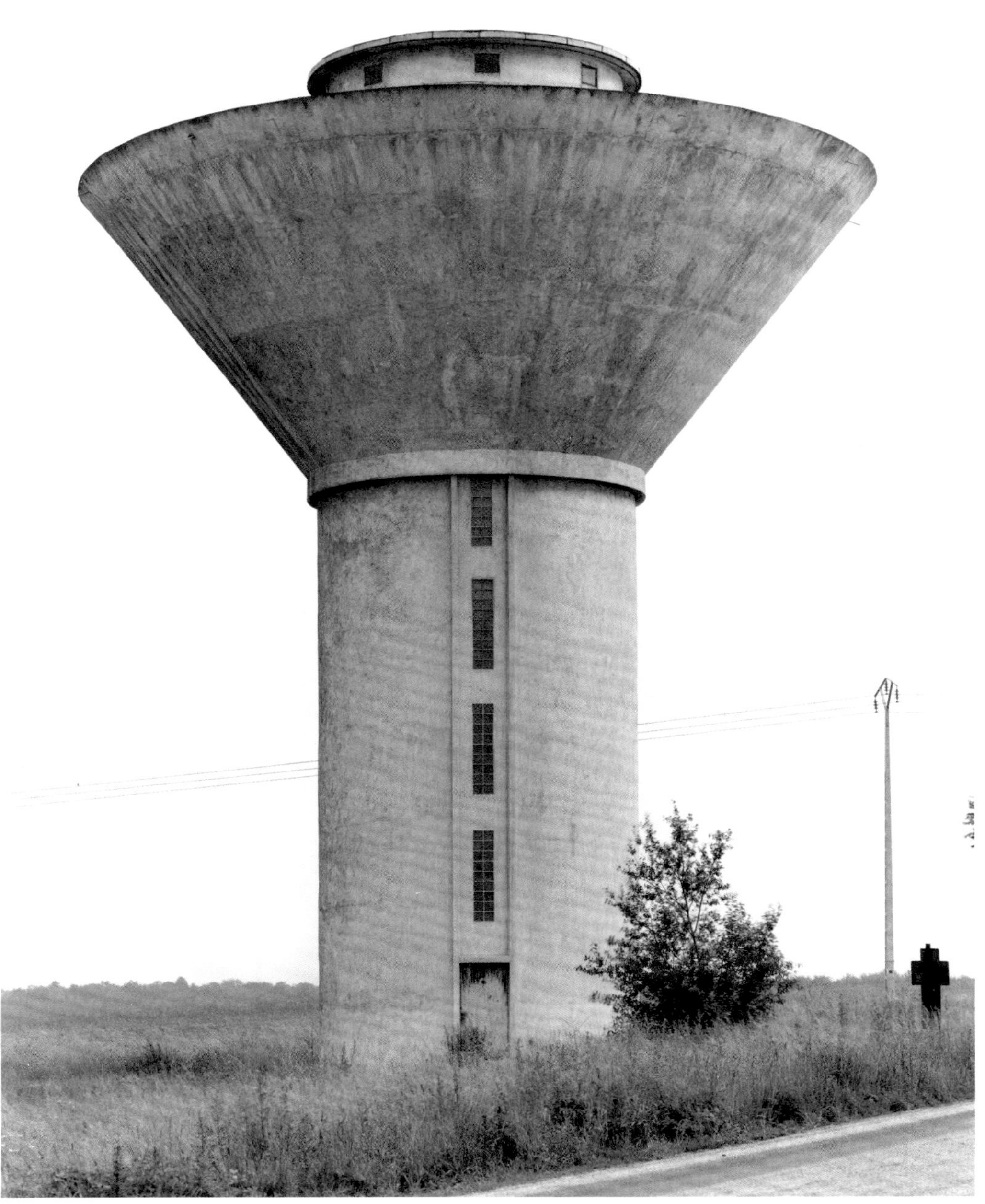

Water Tower / Wasserturm

Goole Harbor, GB 1997

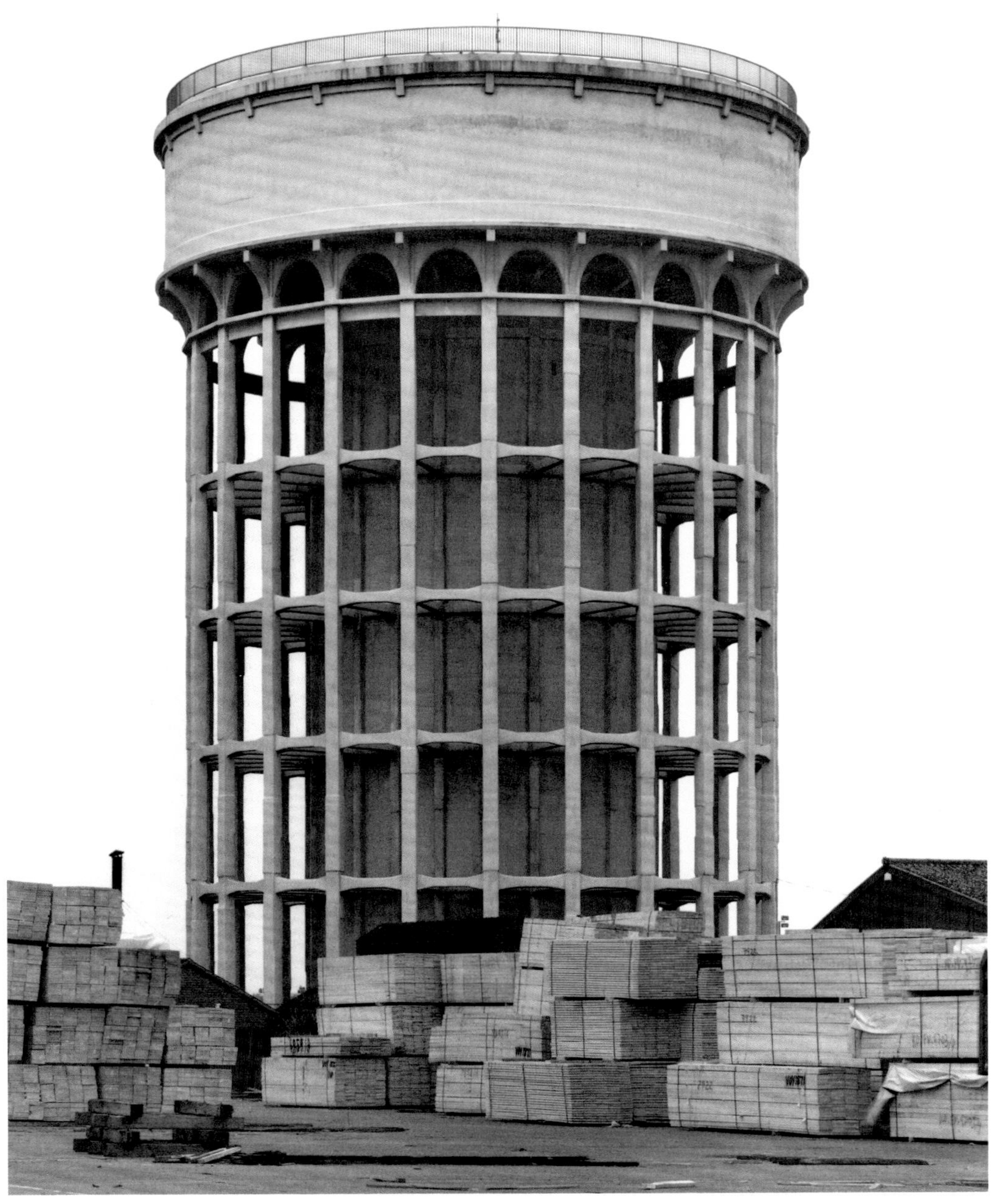

Water Tower / Wasserturm
Oregon, Ohio, USA 1977

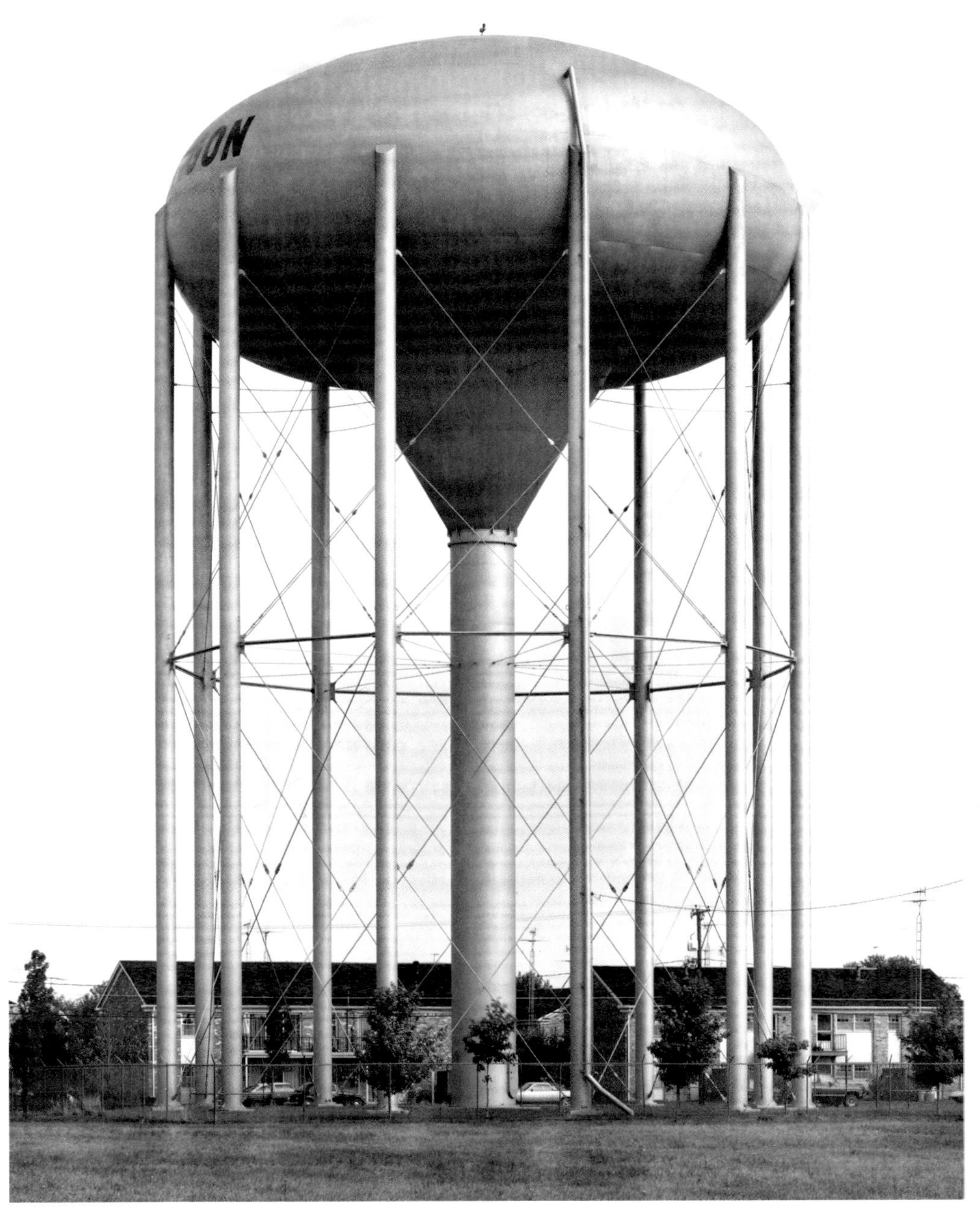

Water Tower / Wasserturm

New York City, 155 Wooster St., USA 1978

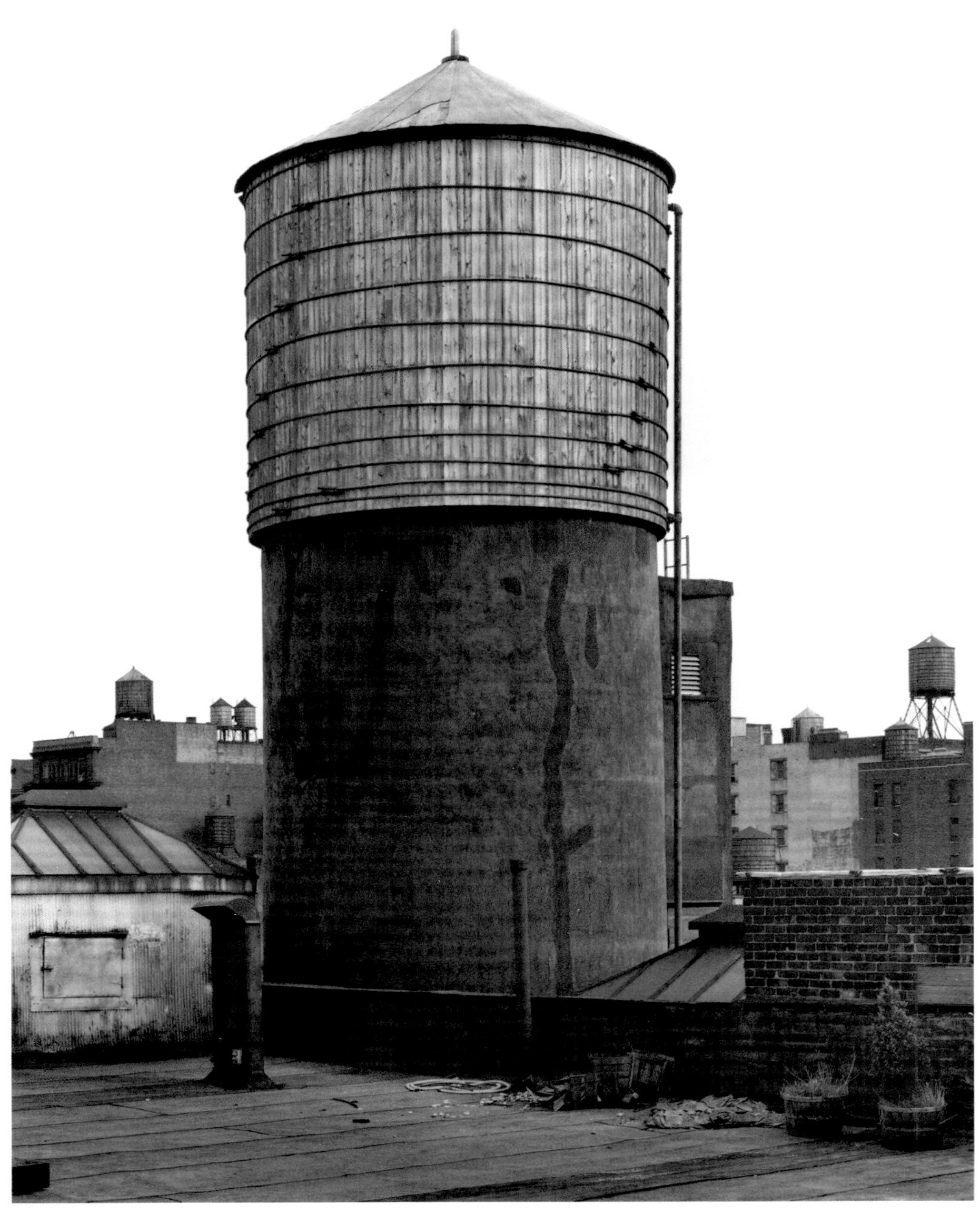

Cooling Tower / Kühlturm
Zeche Victoria Mathias, Essen, D 1963

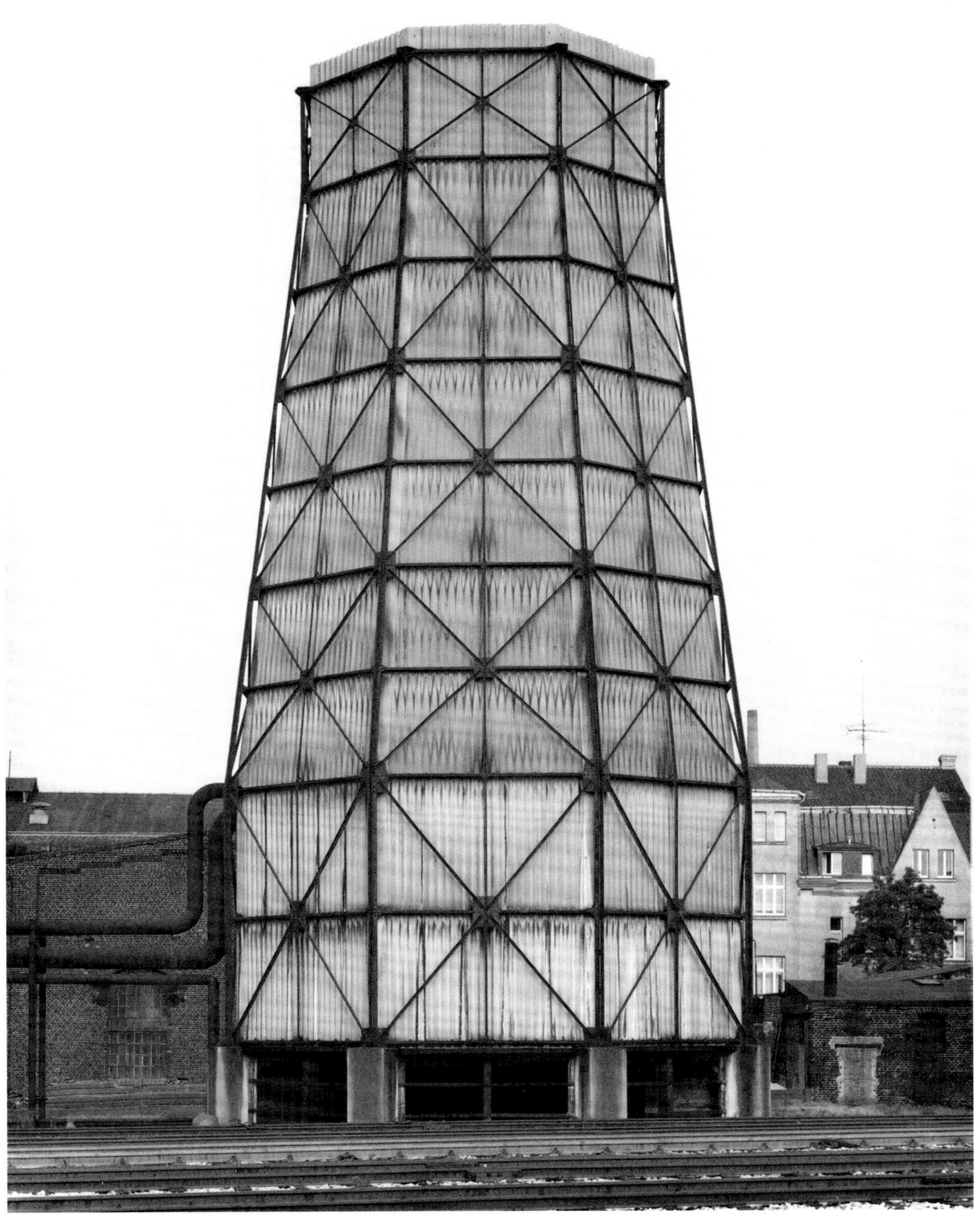

Cooling Tower / Kühlturm
Zeche Robert Müser, Bochum, D 1978

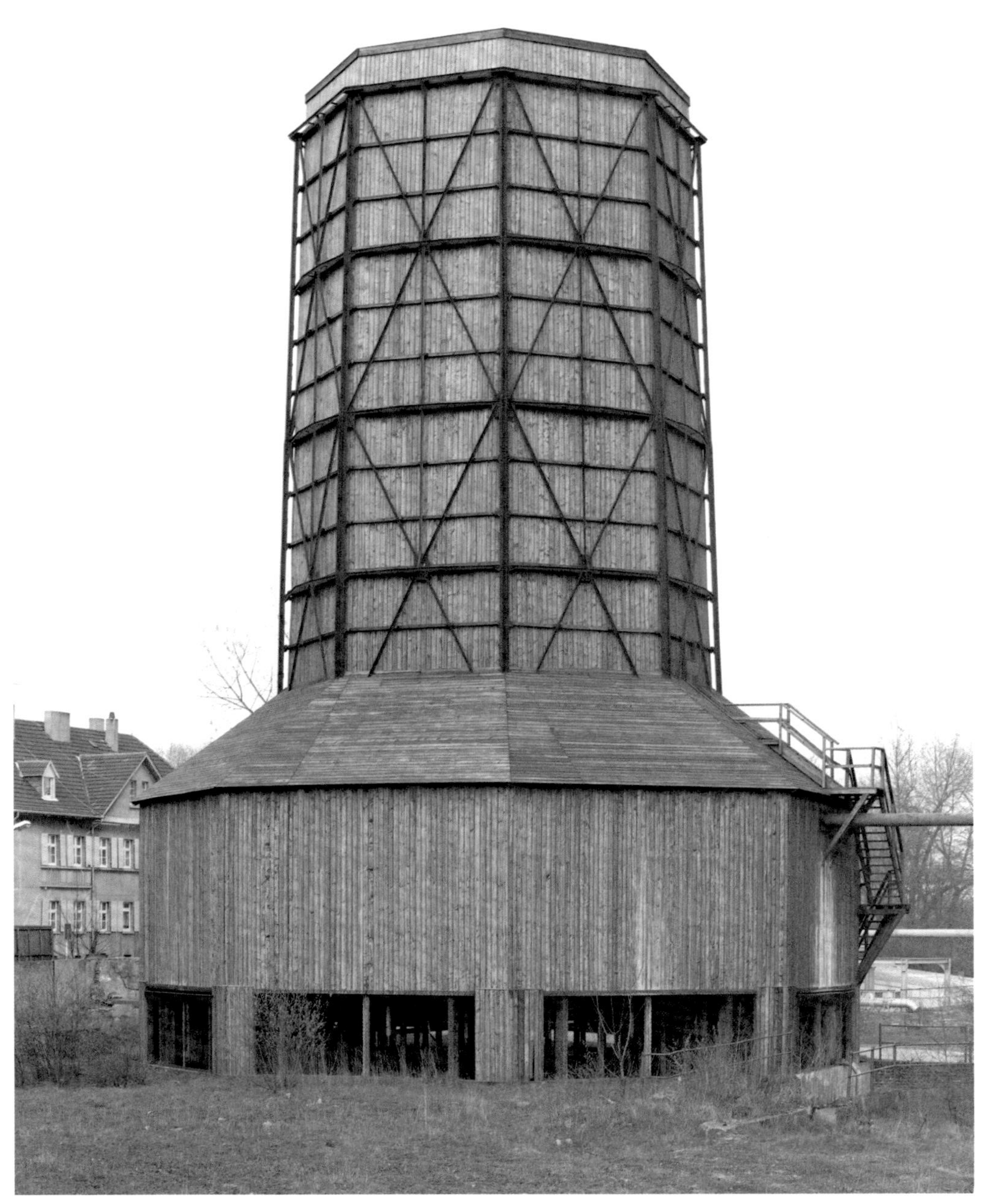

Cooling Tower / Kühlturm

Zeche Auguste Victoria, Marl, D 1967

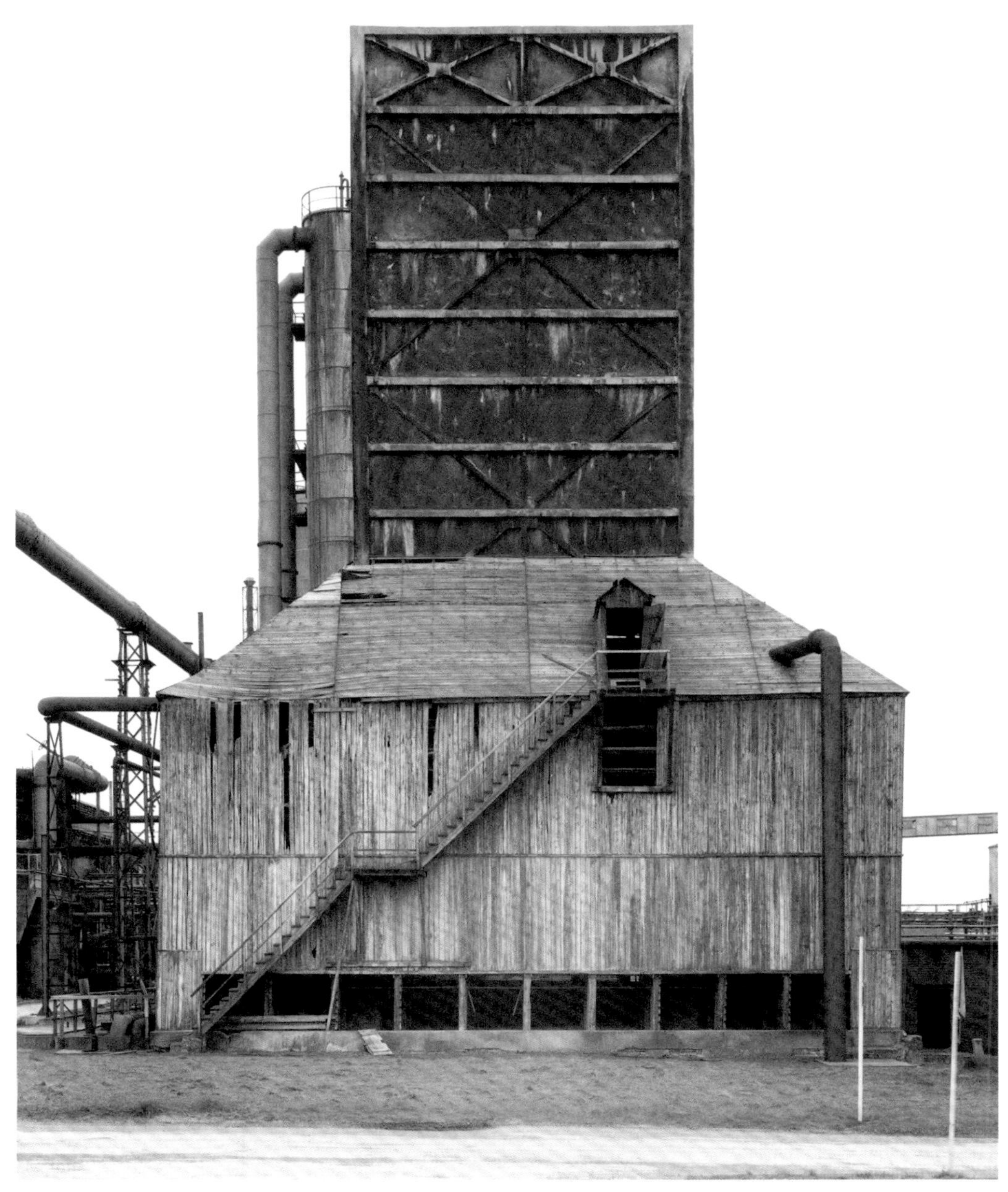

Cooling Tower / Kühlturm

Zeche Hansa, Dortmund-Huckarde, D 1993

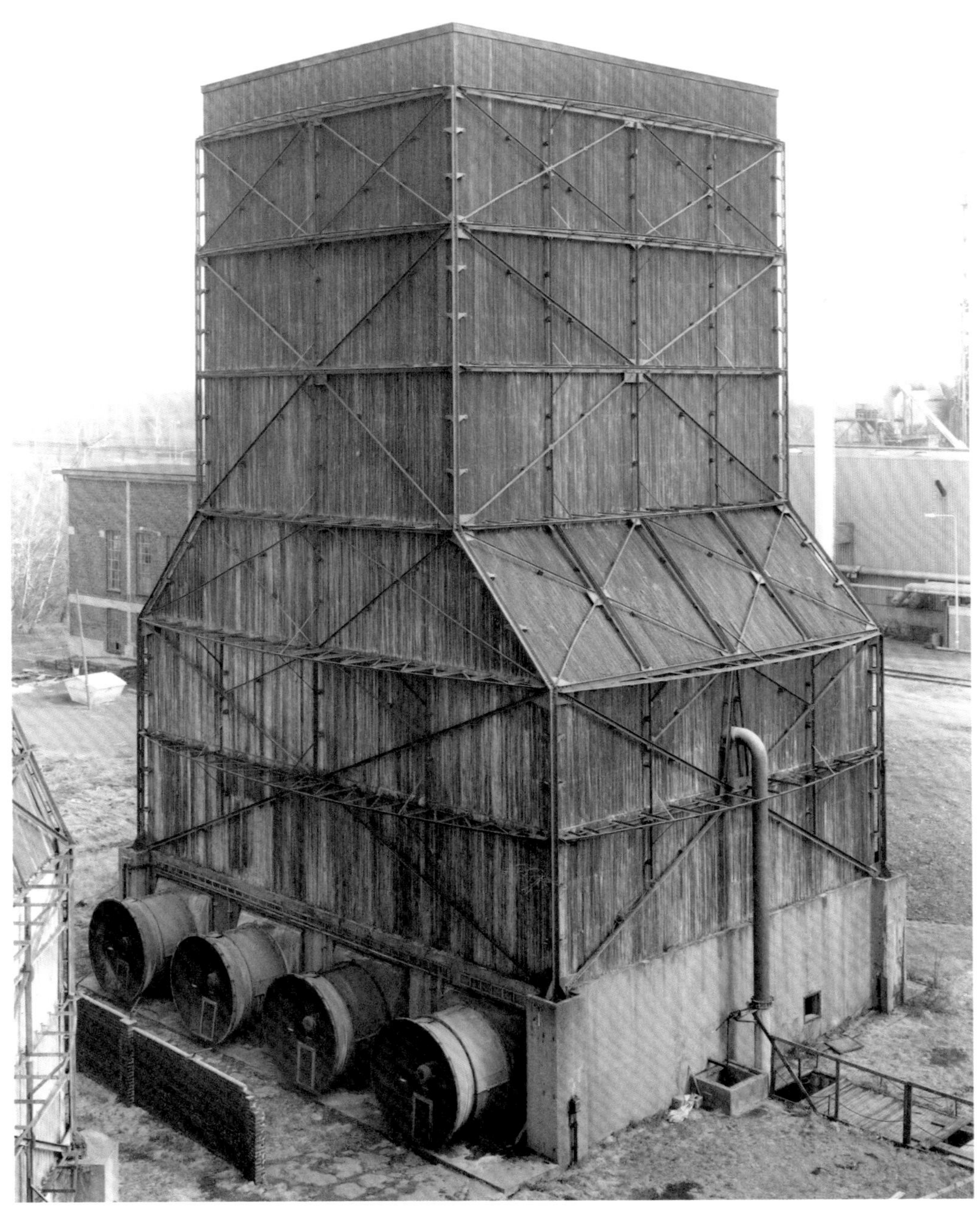

Cooling Tower / Kühlturm
Chicago, Harbor, USA 1974

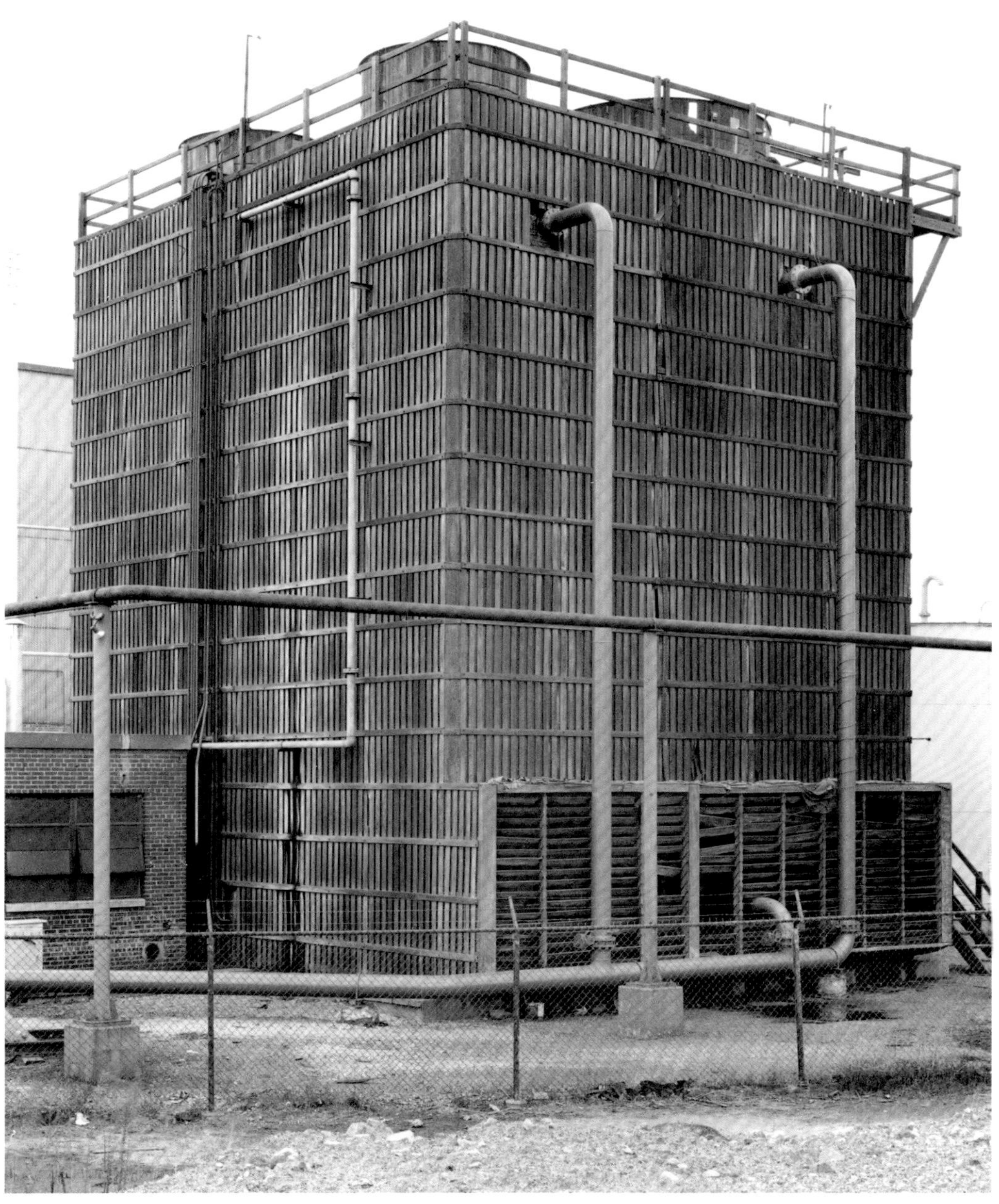

Gasometer / Gasbehälter
Berlin-Schöneberg, D 1992

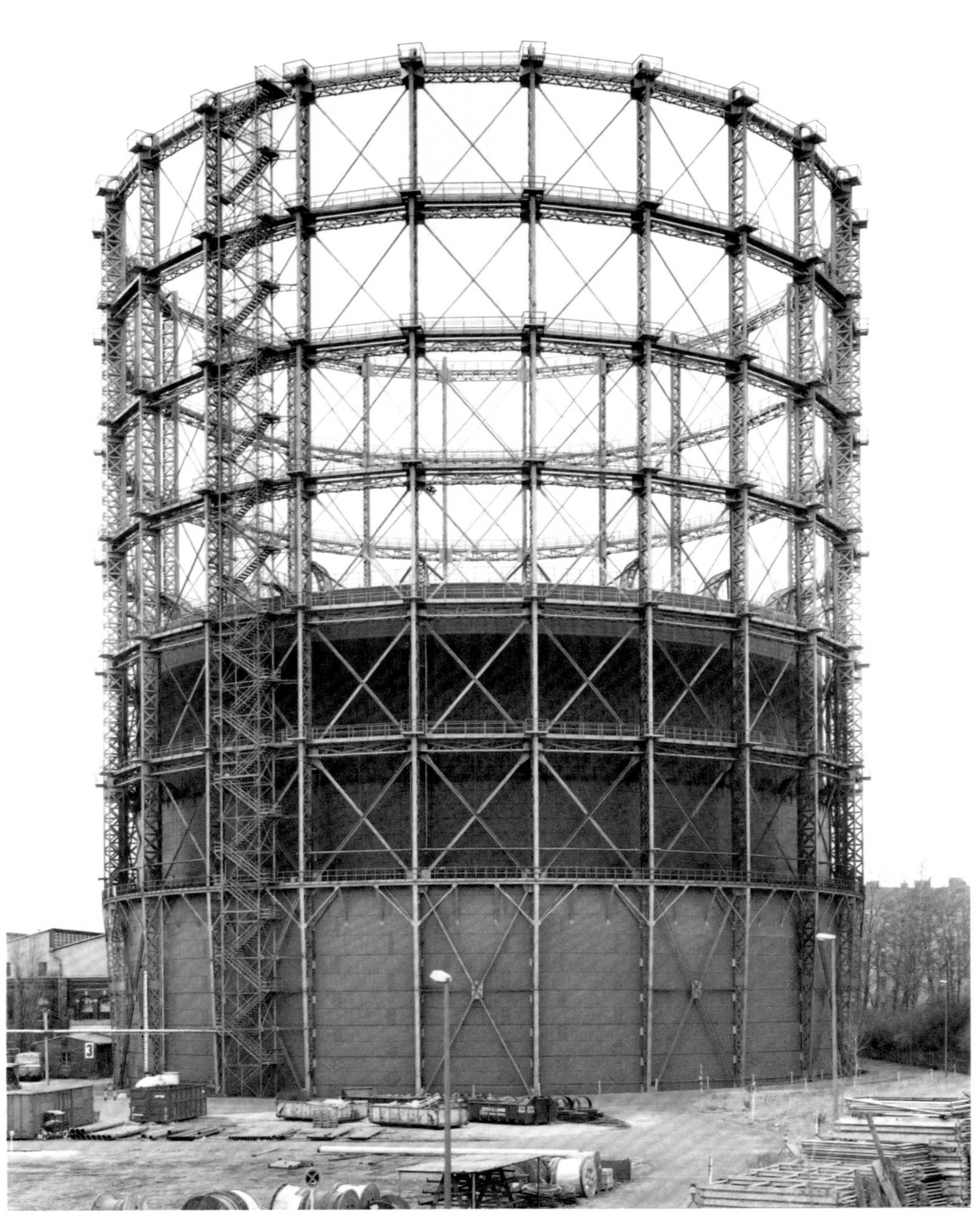
3

Gasometer / Gasbehälter
Havercroft/Wakefield, GB 1997

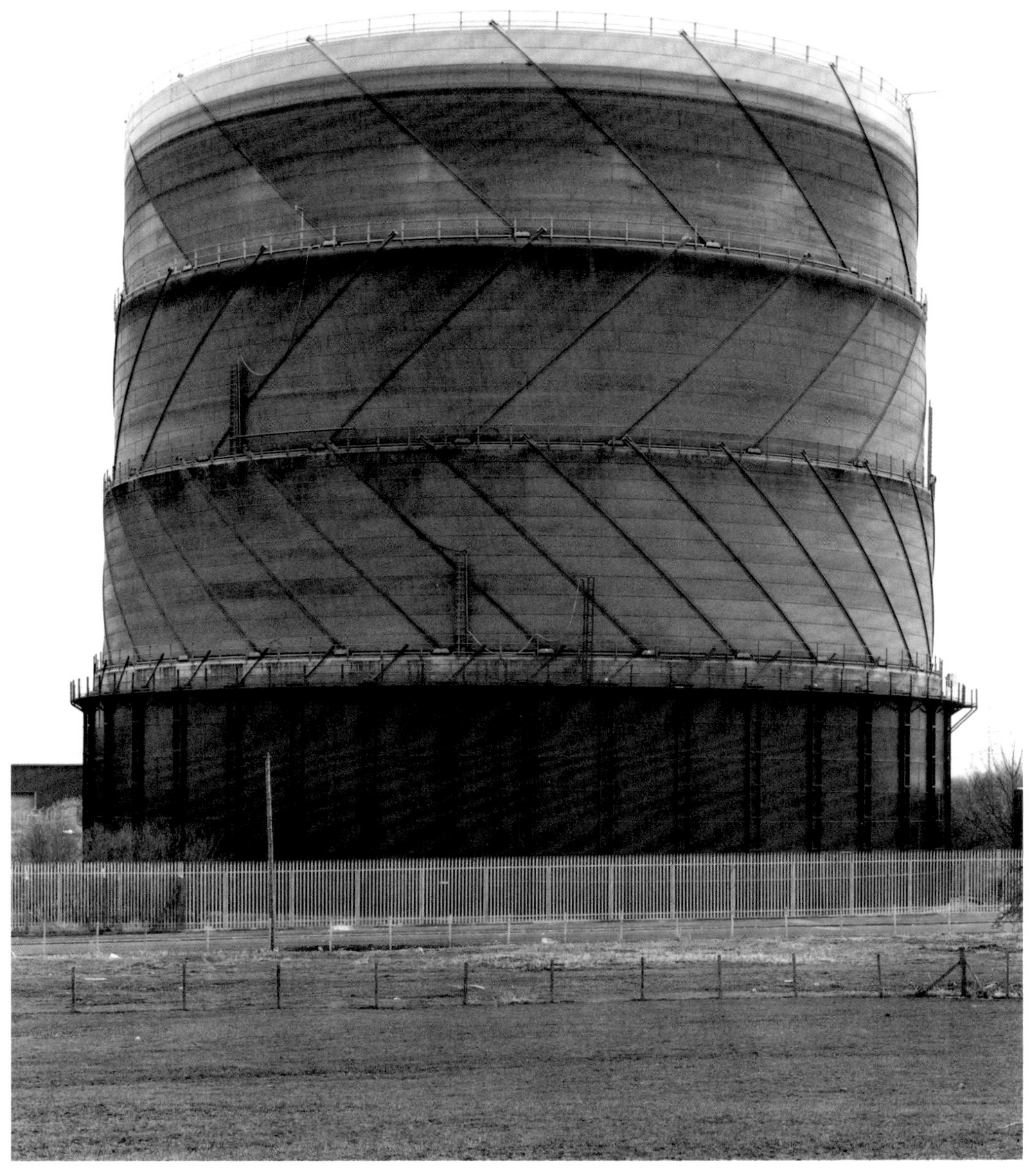

Gasometer / Gasbehälter
St. Helens, GB 1997

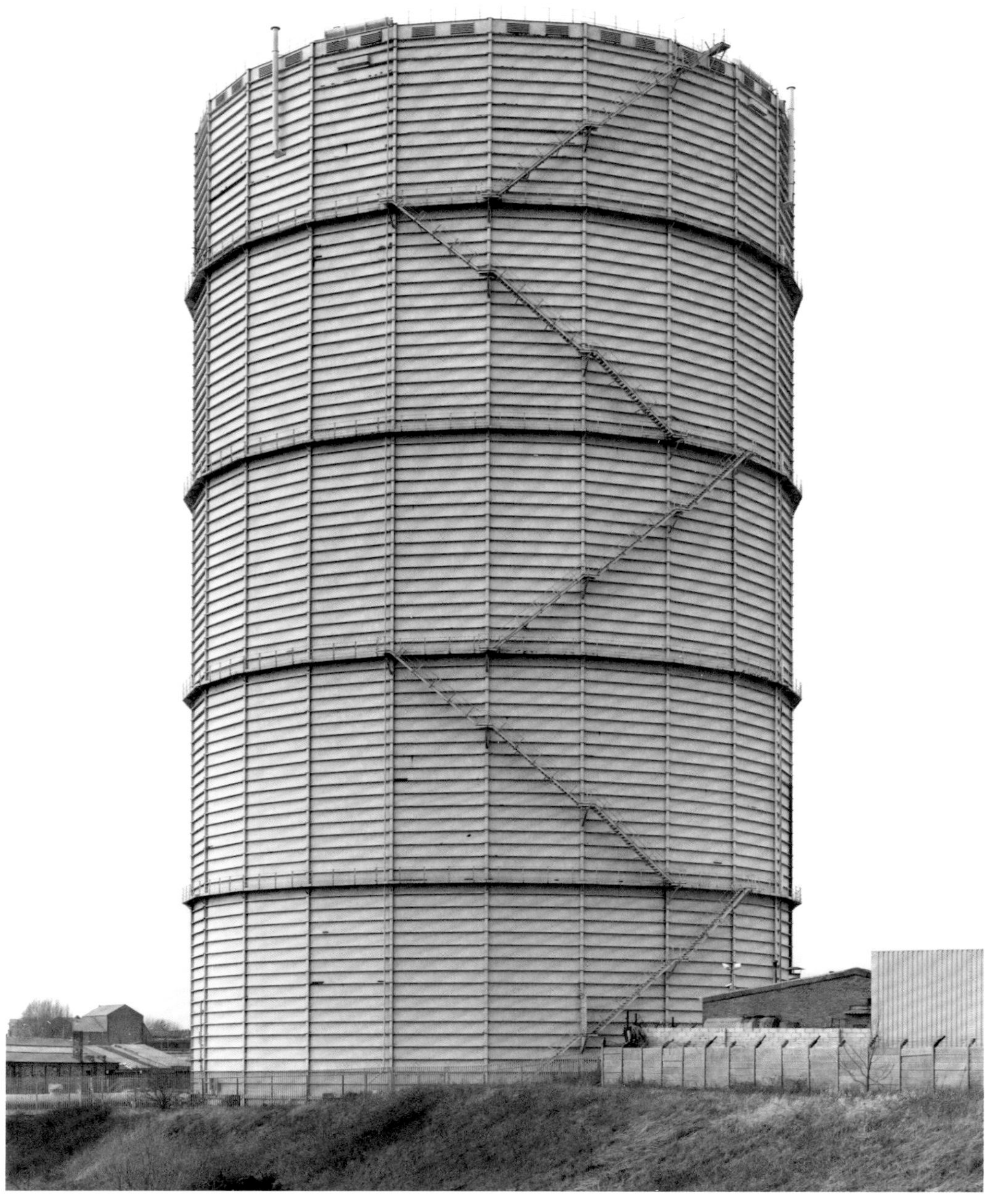

Gasometer / Gasbehälter
Wesseling/Köln, D 1992

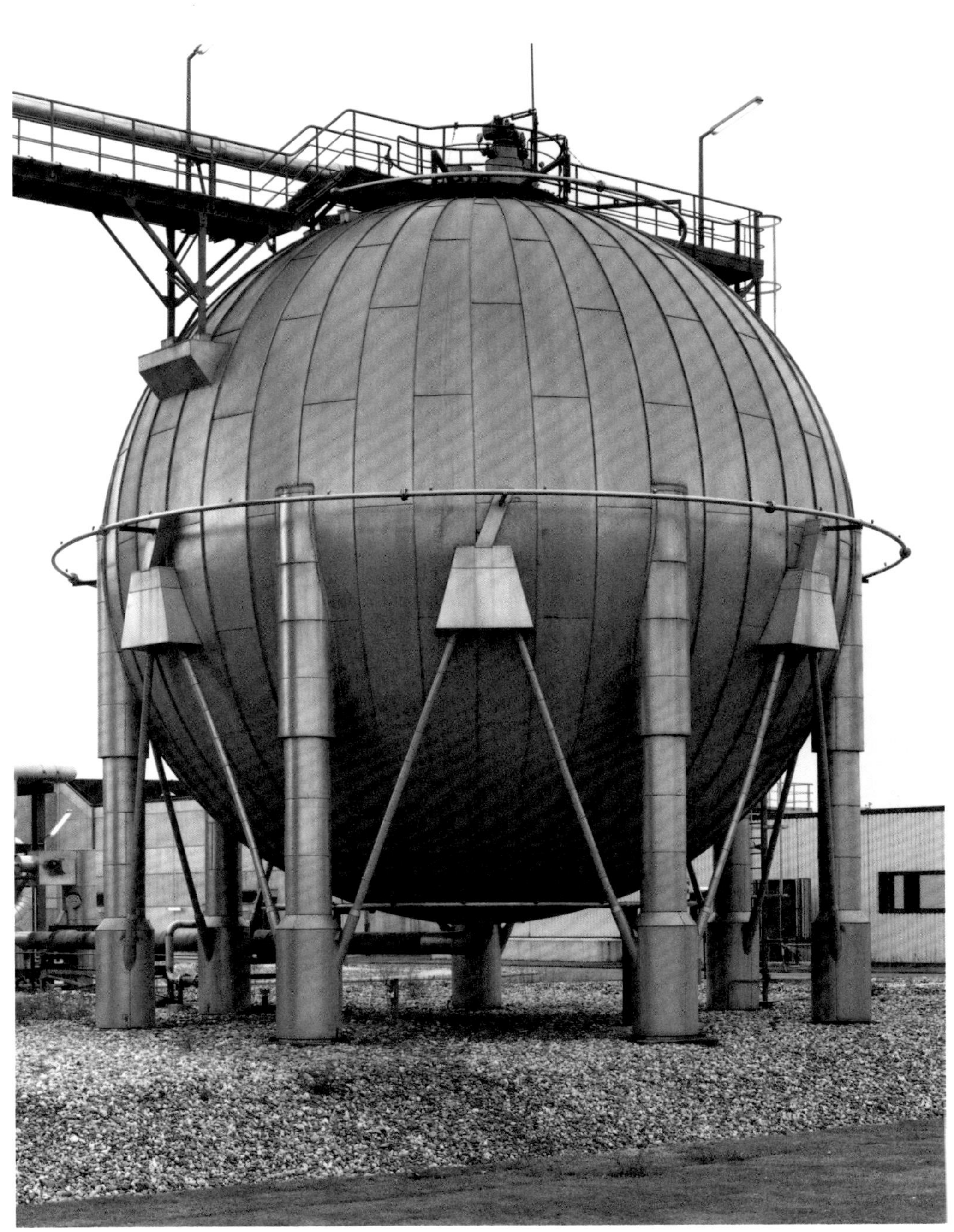

Winding Tower / Förderturm
Leroy Snyder Coal Co., Donaldson
Schuylkill County, PA, USA 1975

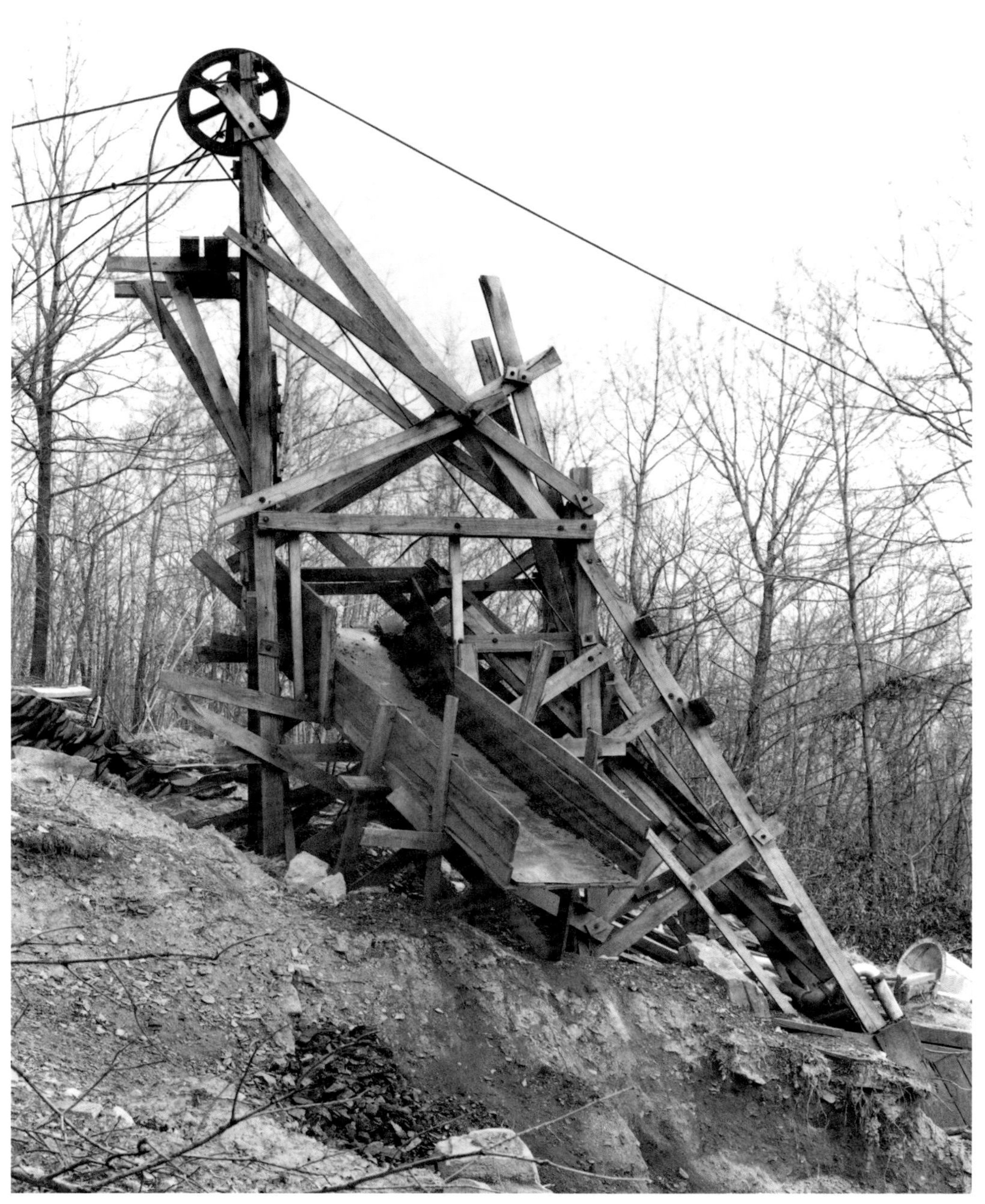

Winding Tower / Förderturm

Park Colliery, Treorchy

South Wales, GB 1966

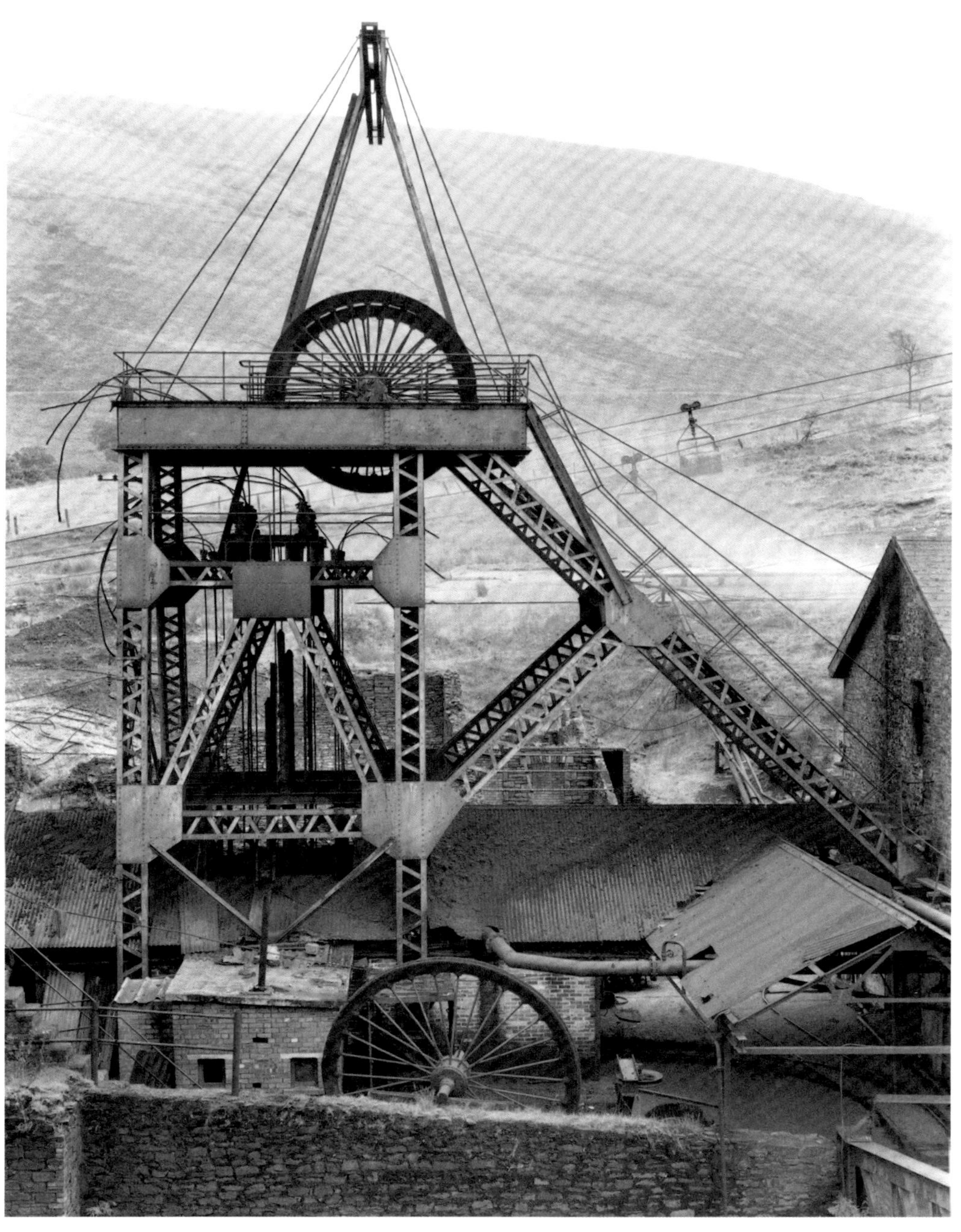

Winding Tower / Förderturm
Grube San Fernando, Herdorf
Siegerland, D 1961

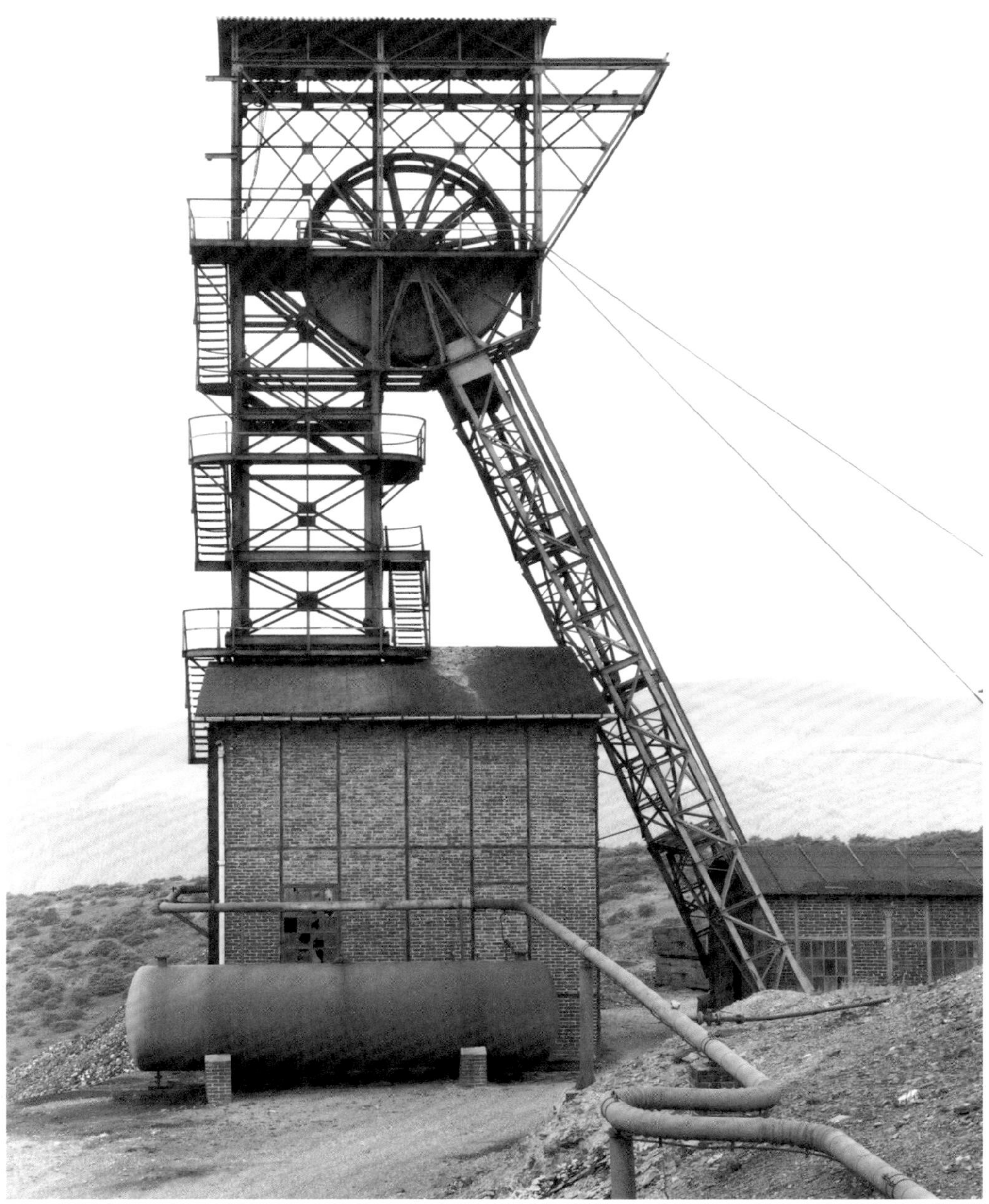

Winding Tower / Förderturm

Fosse Grenay no. 1, Bully-les-Mines

Nord, F 1967

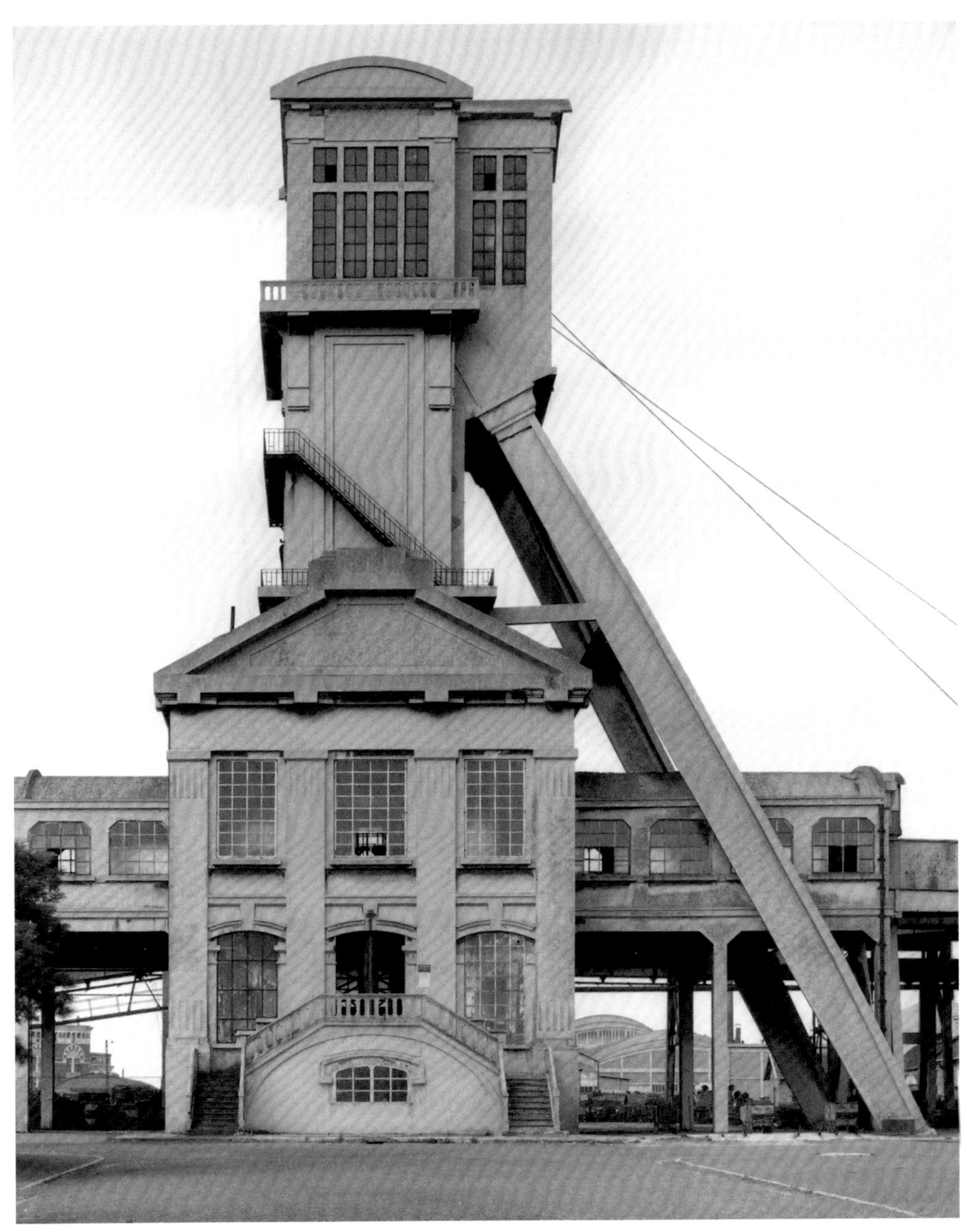

Winding Tower / Förderturm

Fosse Noeux, no. 13,

Nord, F 1972

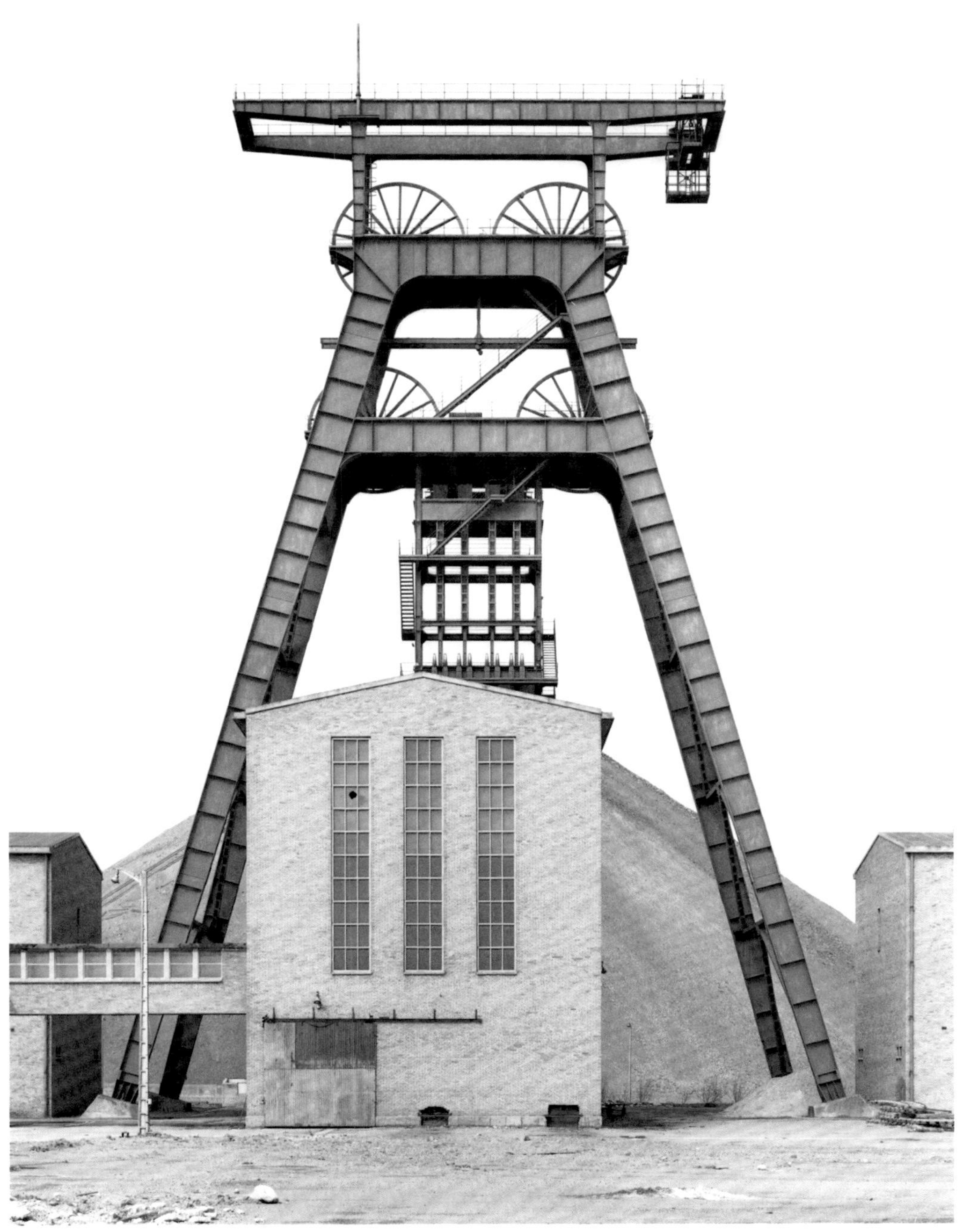

Winding Tower / Förderturm
Zeche Radbod/Hamm, D 1982

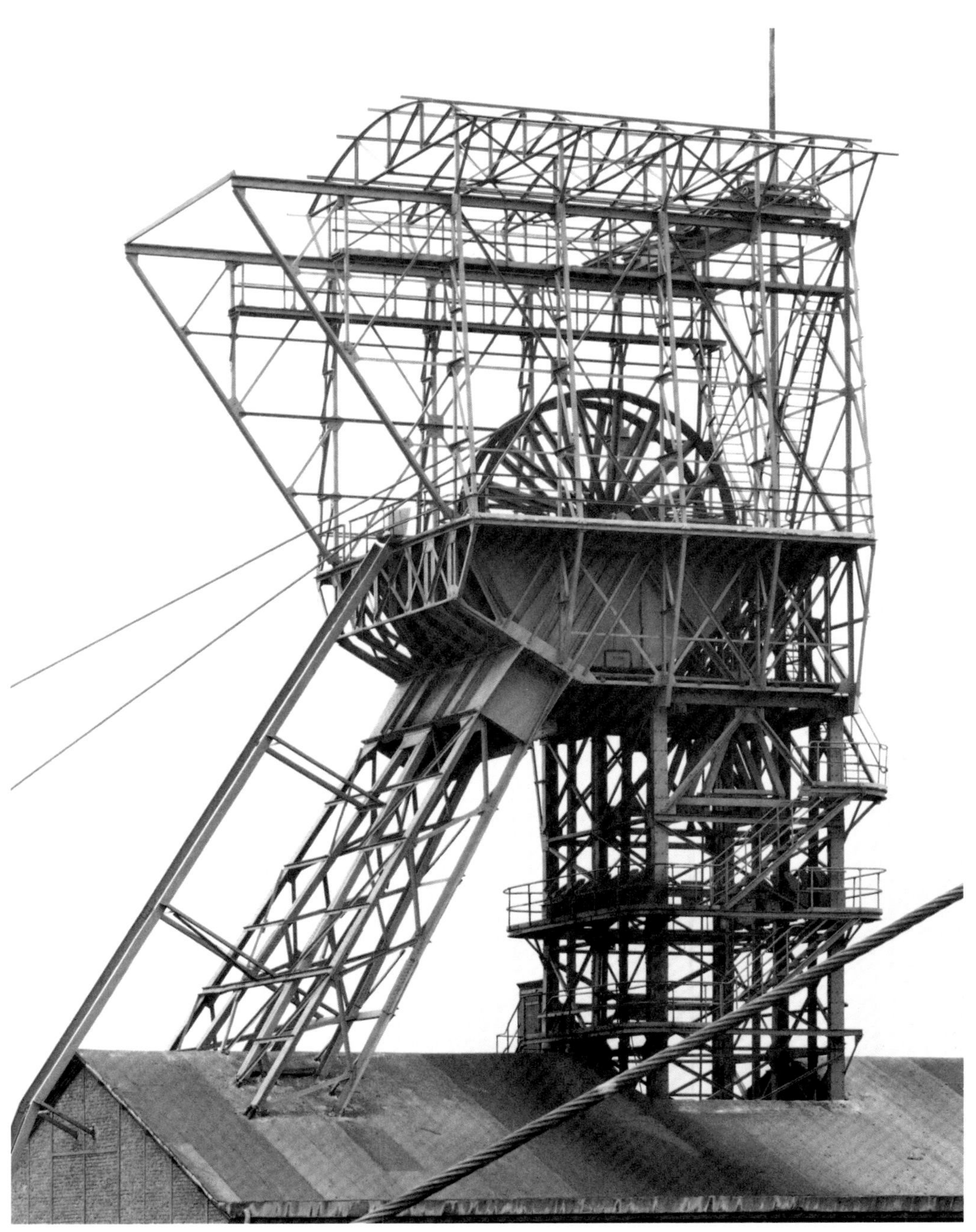

Winding Tower / Förderturm
Zeche Minister Achenbach 3/4, Lünen
Ruhrgebiet, D 1982

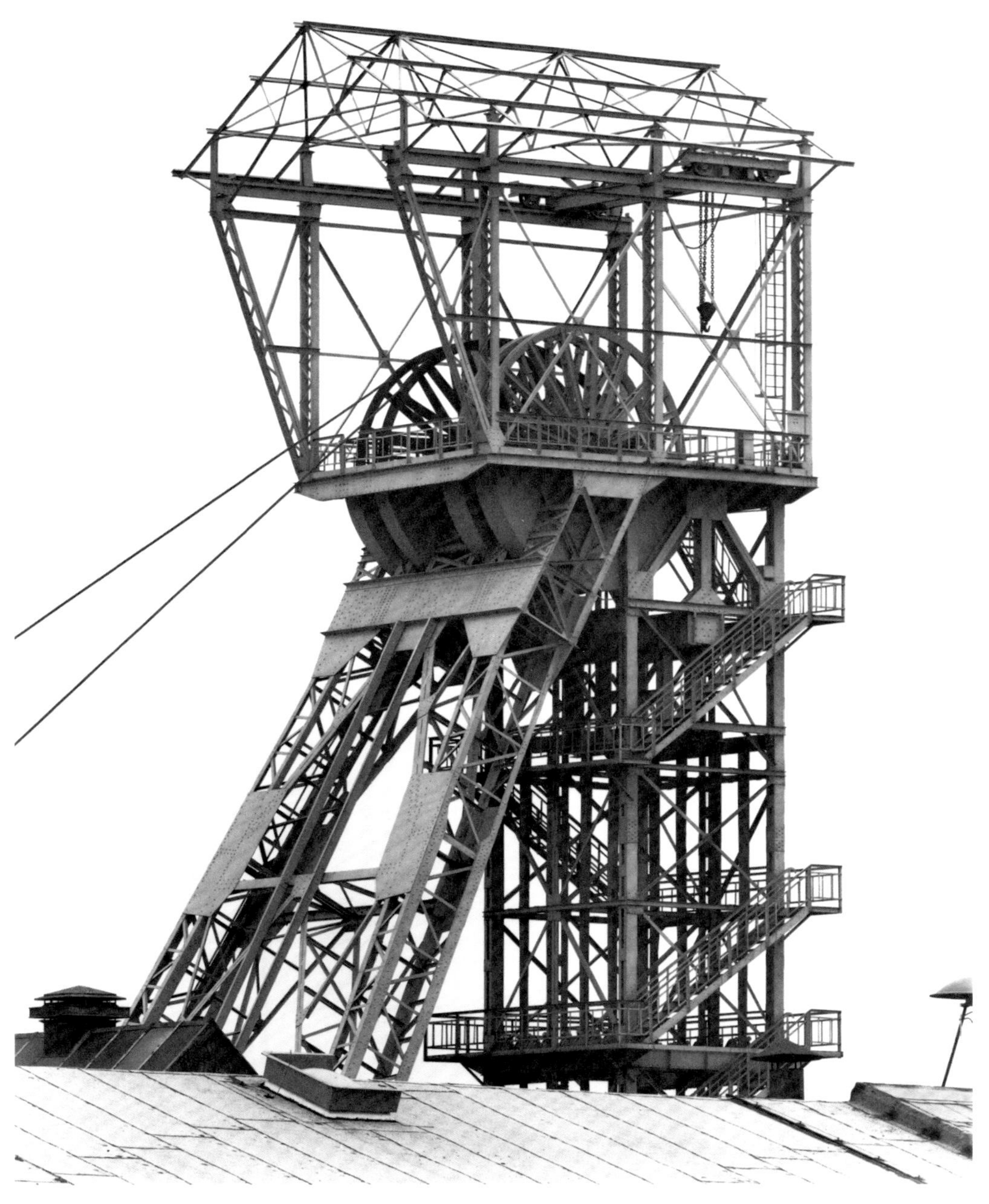

Winding Tower / Förderturm
Zolder Mijn, Zolder, B 1991

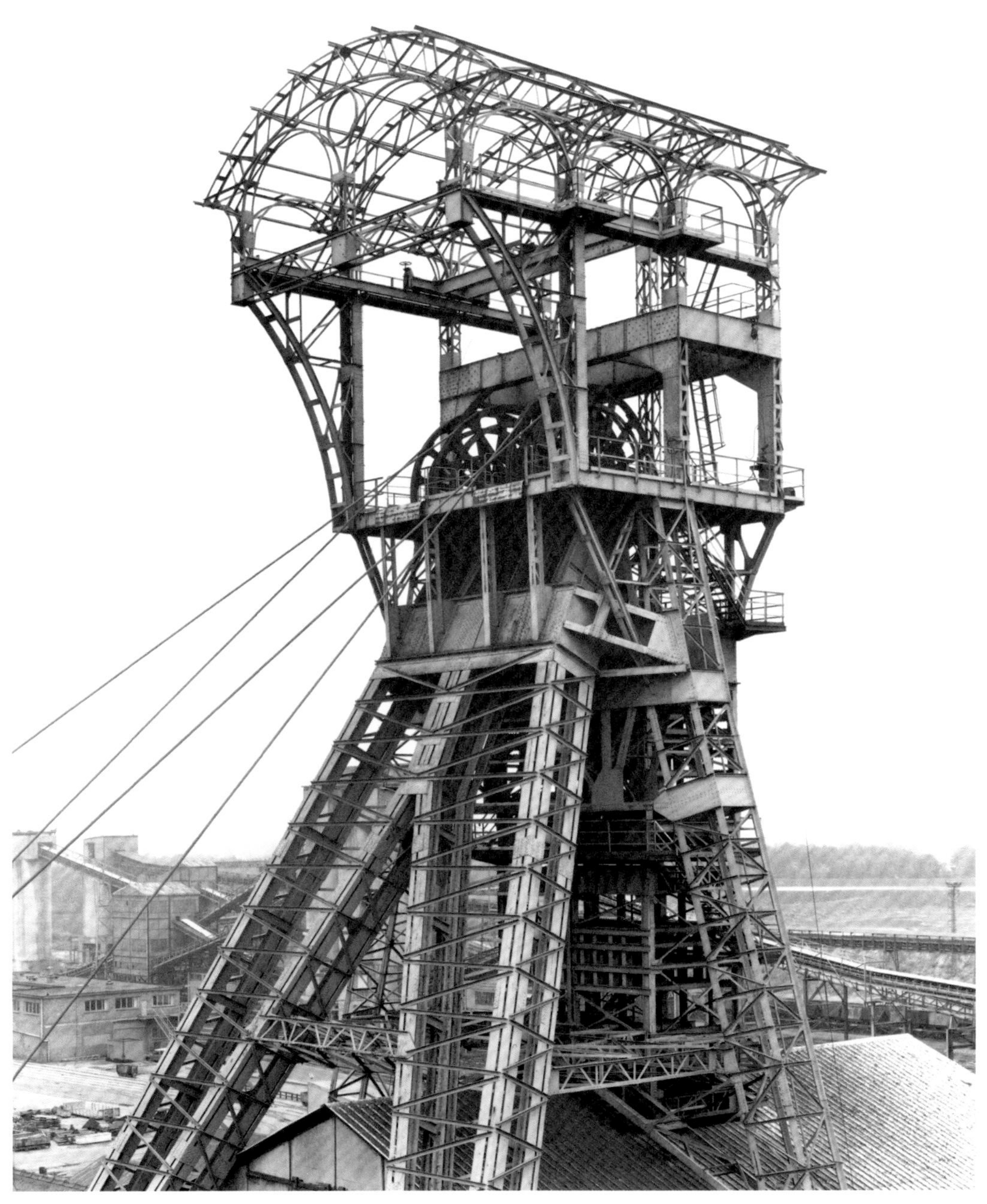

Winding Tower / Förderturm
Siège Anderlues, Charleroi, B 1968

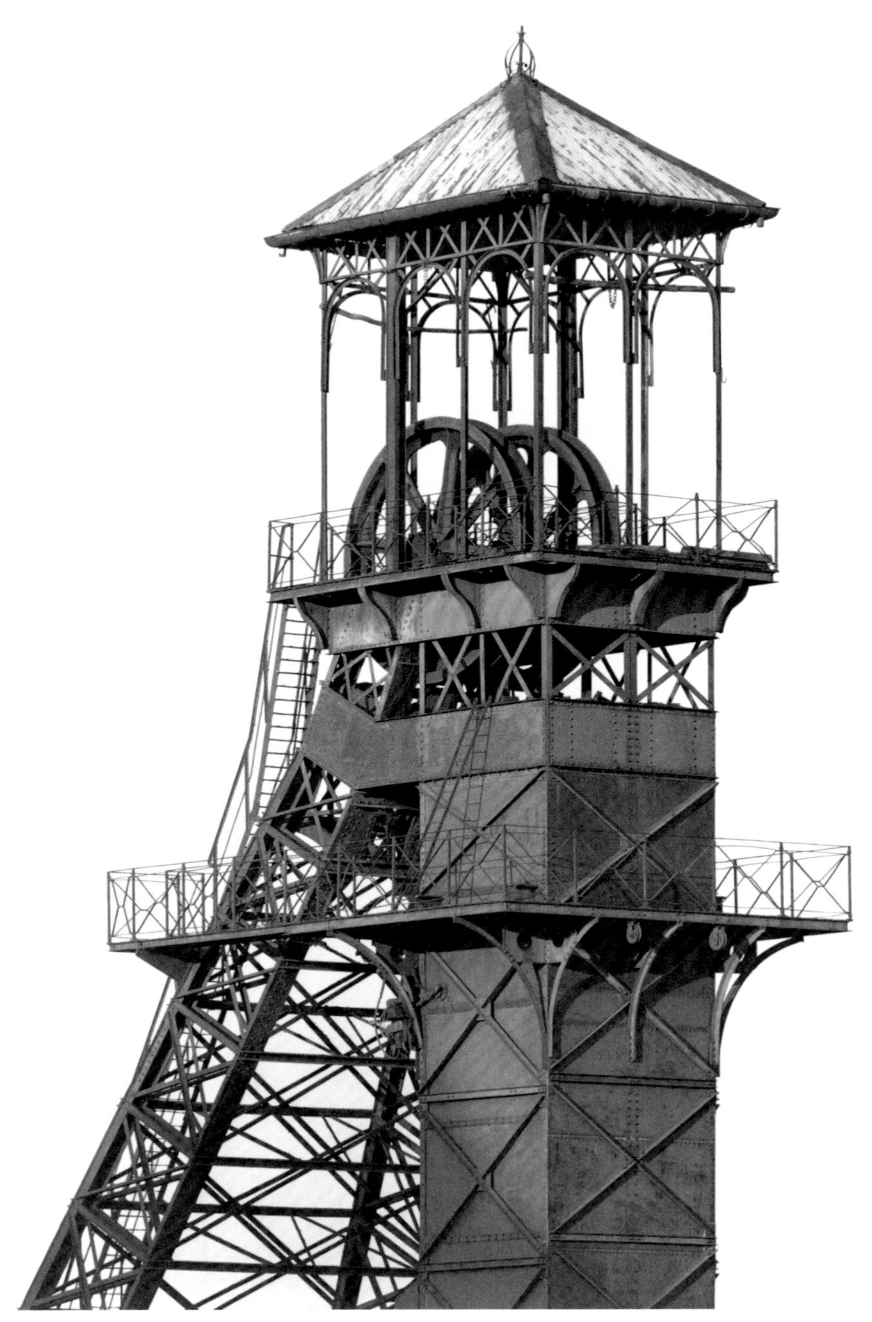

Winding Tower / Förderturm

Puits Bruay no. 7, Bruay, F 1979

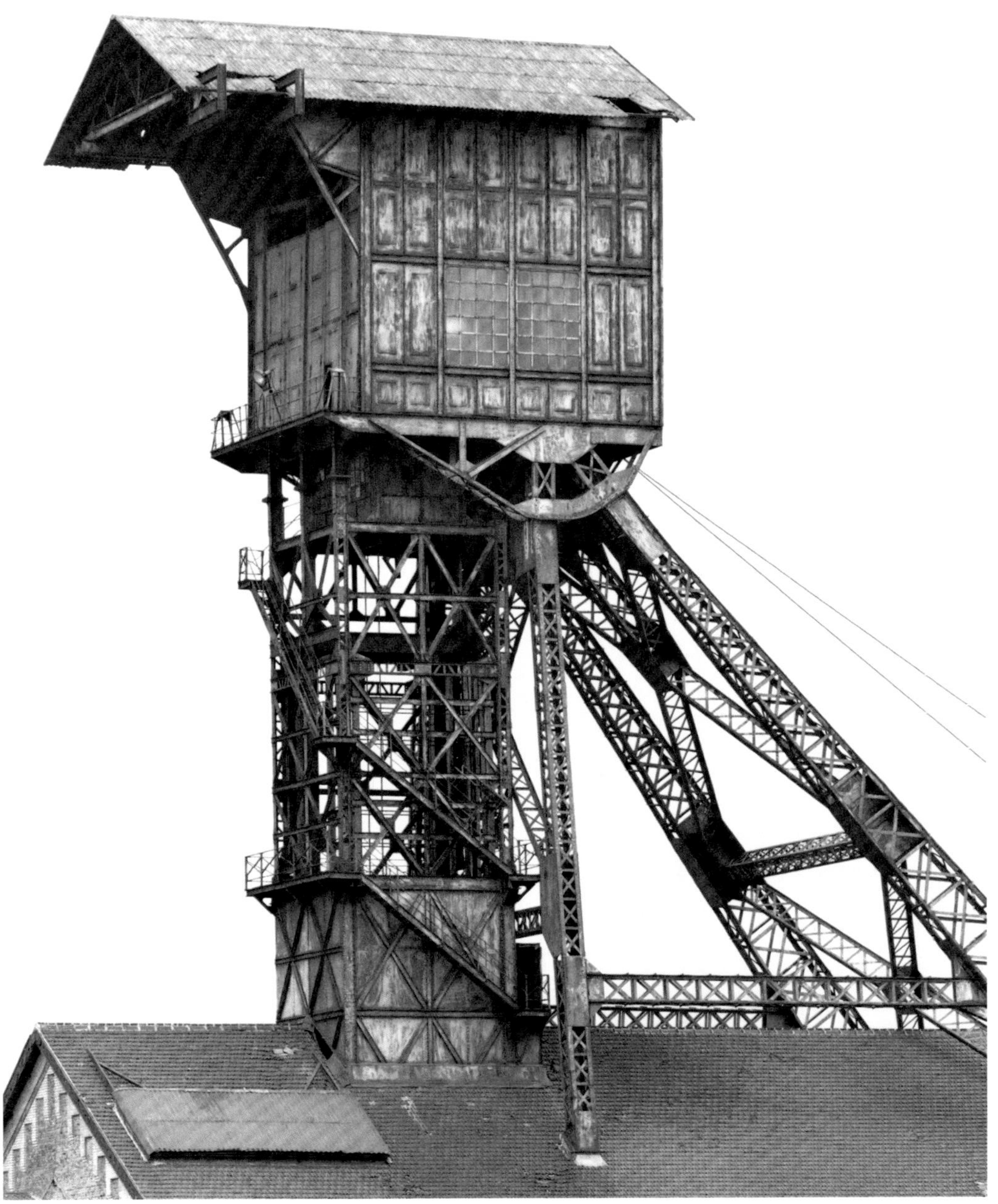

Winding Tower / Förderturm
Siège Romsée, Liège, B 1980

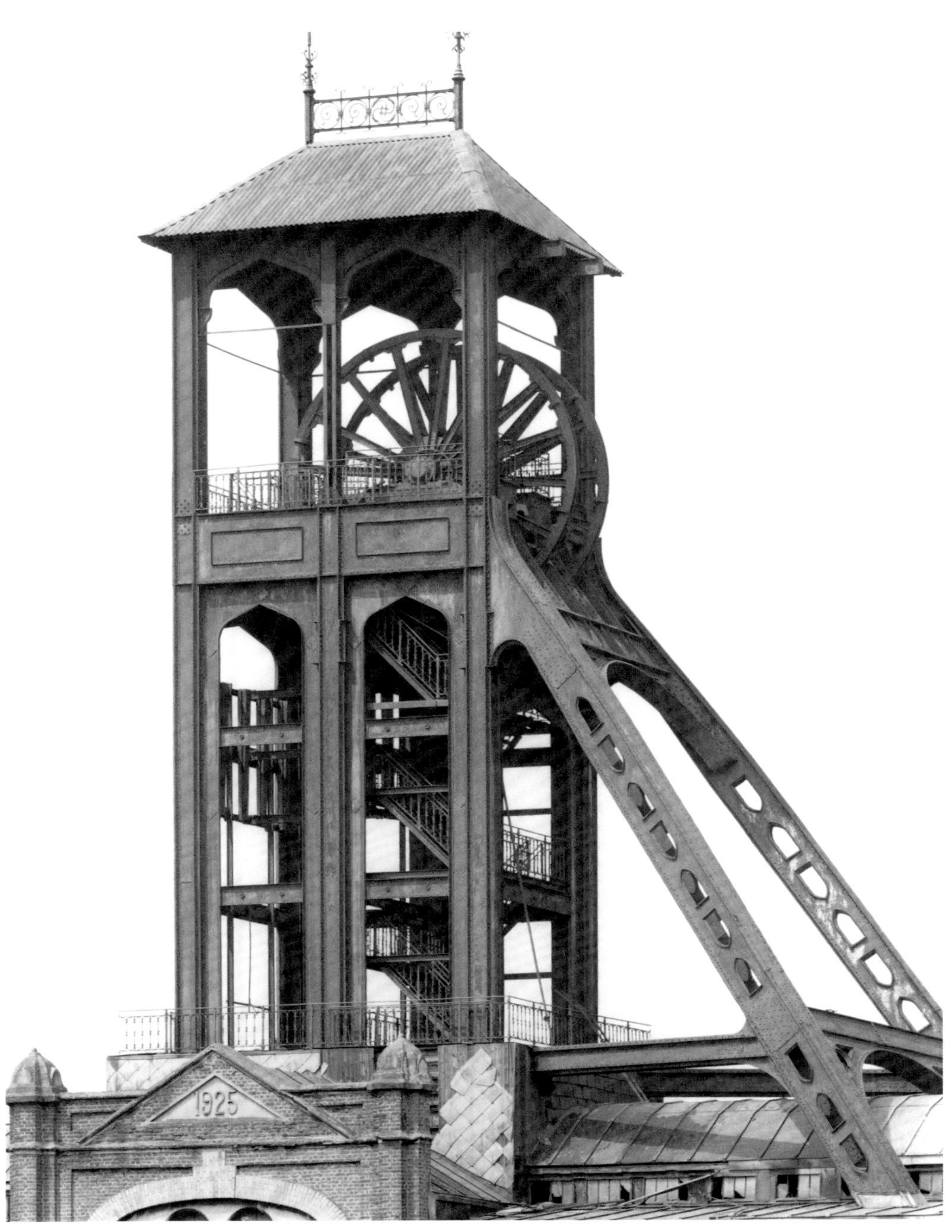
1925

Preparation Plant / Aufbereitungsanlage
Siège Blegny, Trimbleu, Liège, B 1992

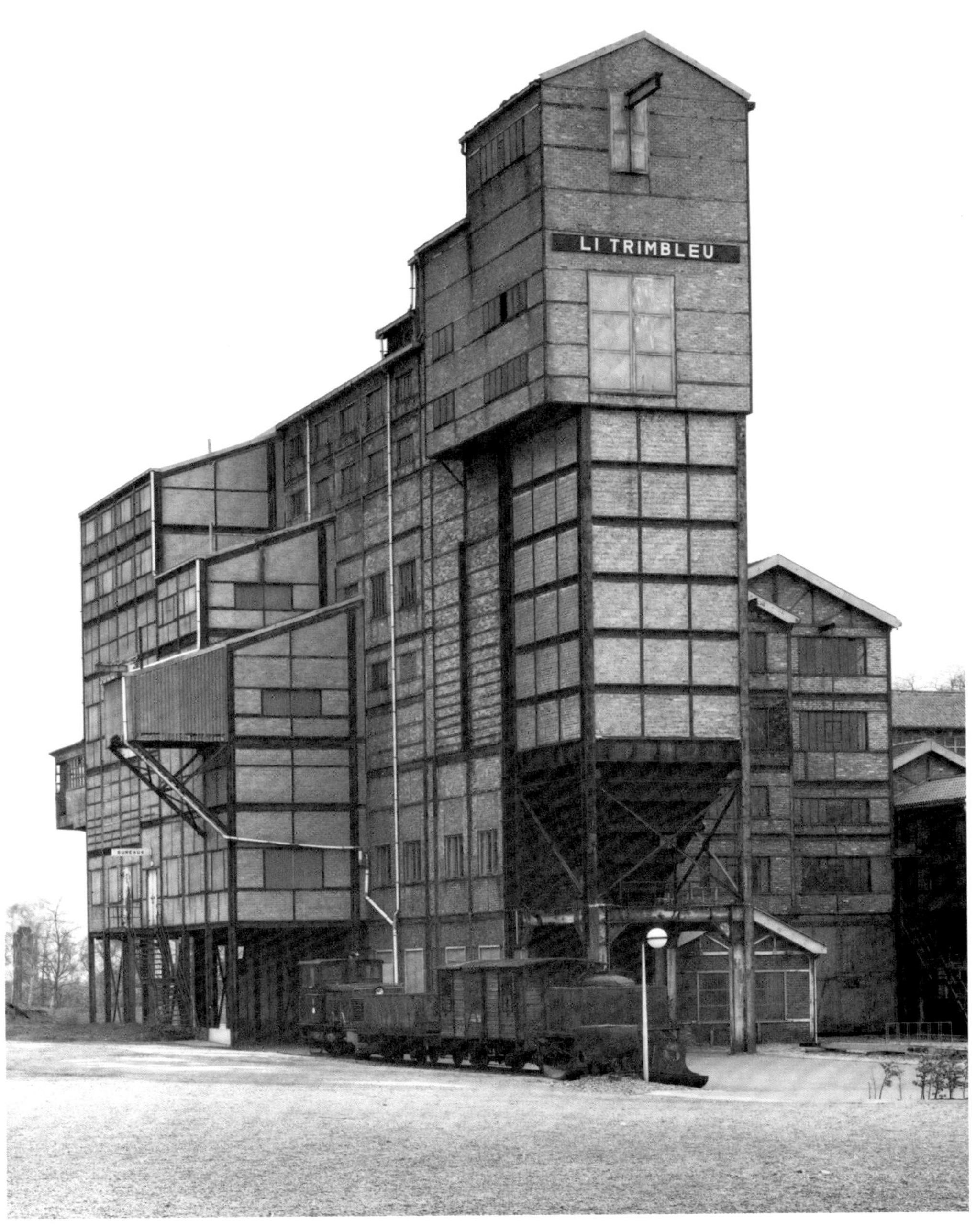
LI TRIMBLEU

Preparation Plant / Aufbereitungsanlage

Siège Espérance, Borinage, B 1967

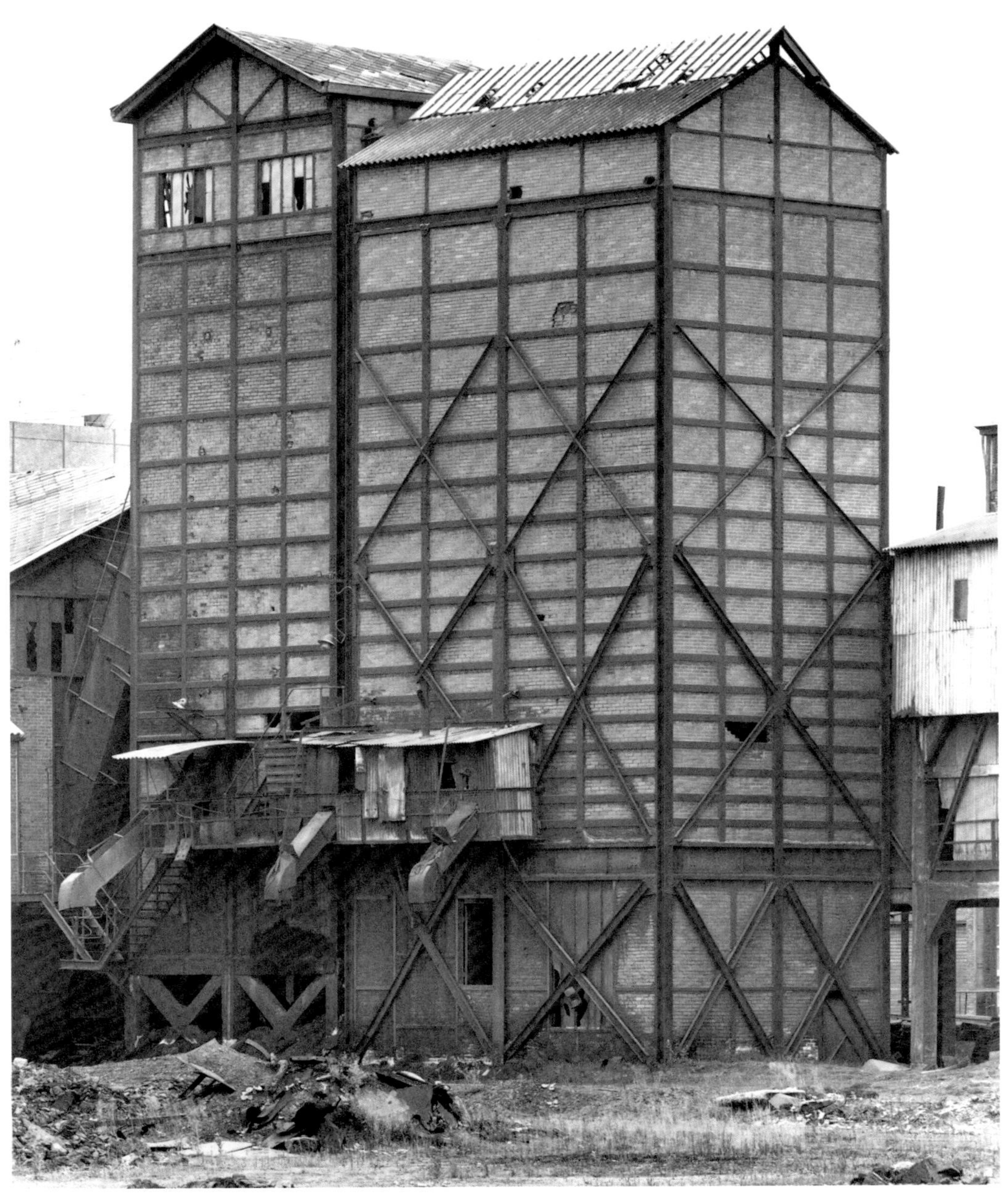

Gravel Plant / Kies- und Schotterwerk

Kirchham/Bad Füssing, D 1991

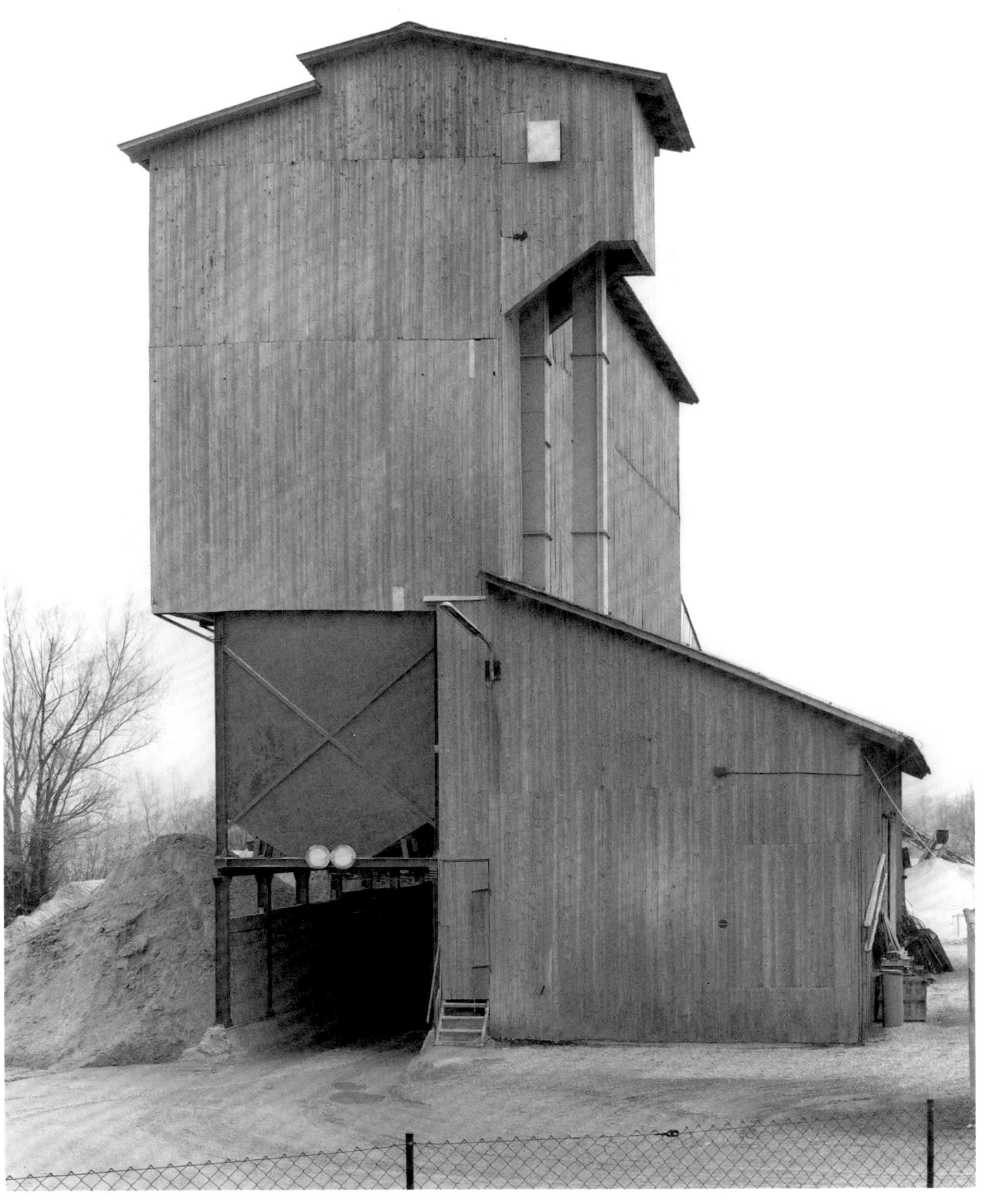

Gravel Plant / Kies- und Schotterwerk

Oberhaching/München, D 1991

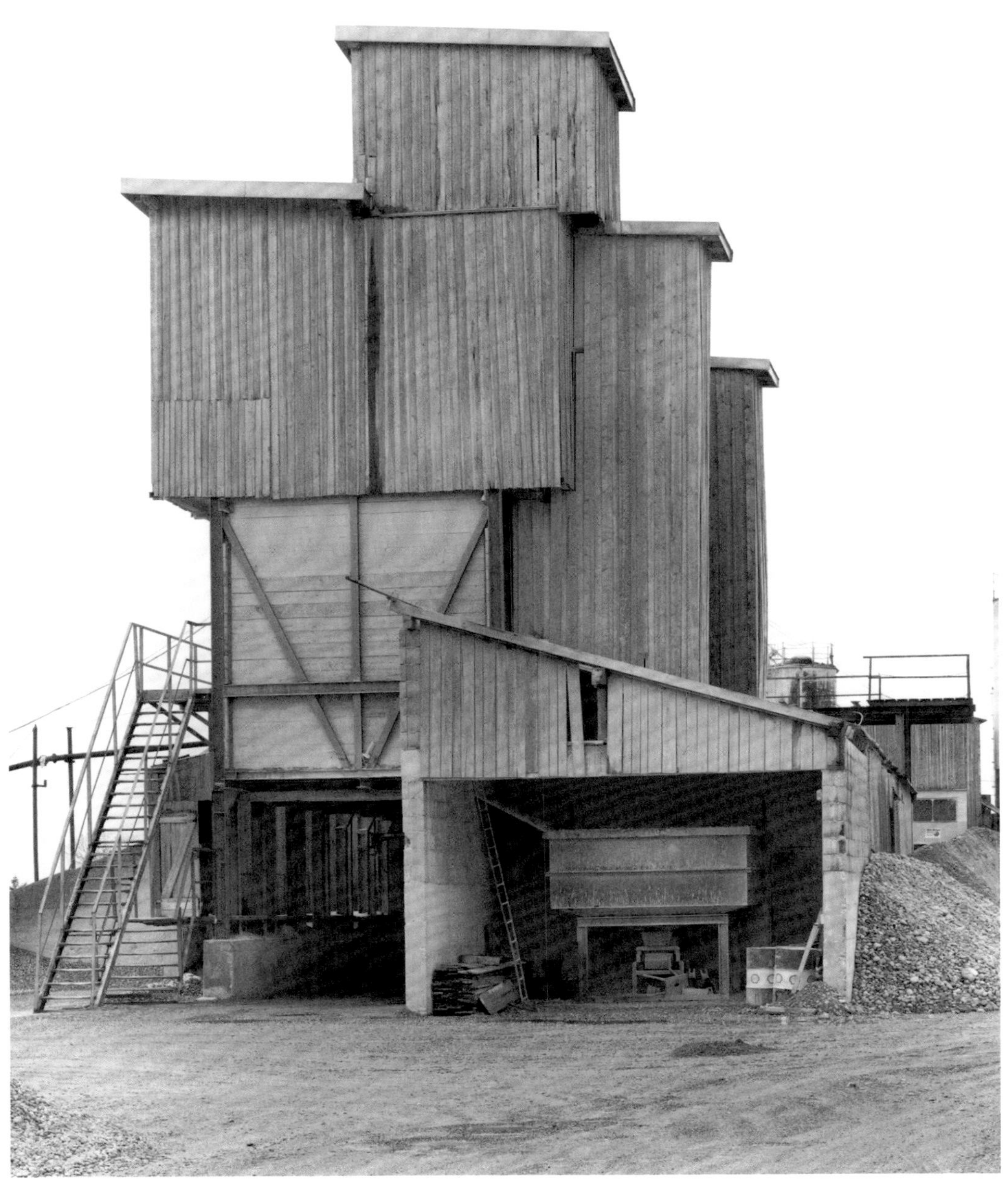

Gravel Plant / Kies- und Schotterwerk

Königsbrunn/Augsburg, D 1991

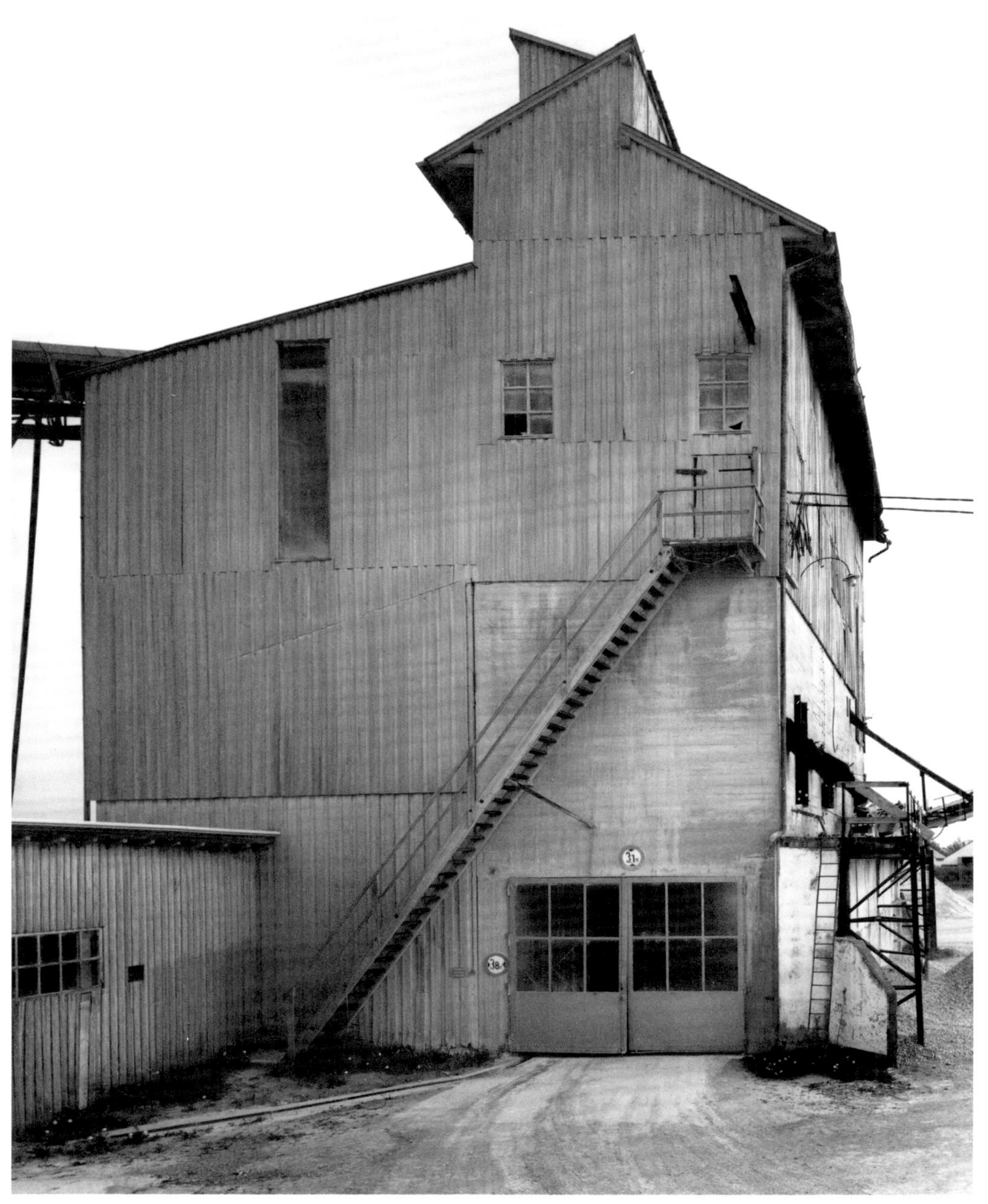

Lime Kiln / Kalkofen

Rübeland, Harz, D 1997

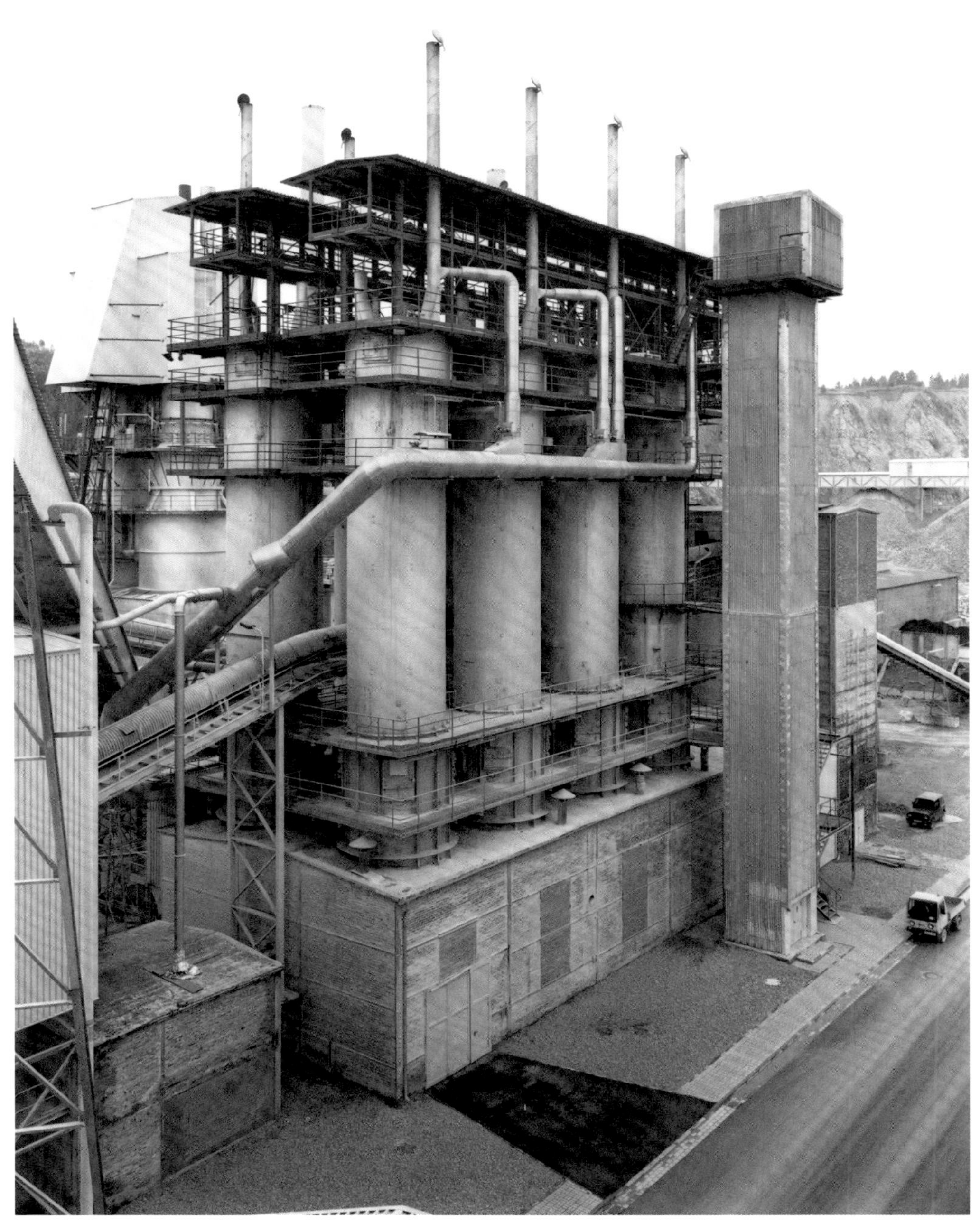

Lime Kiln / Kalkofen

Sorcy, F 1995

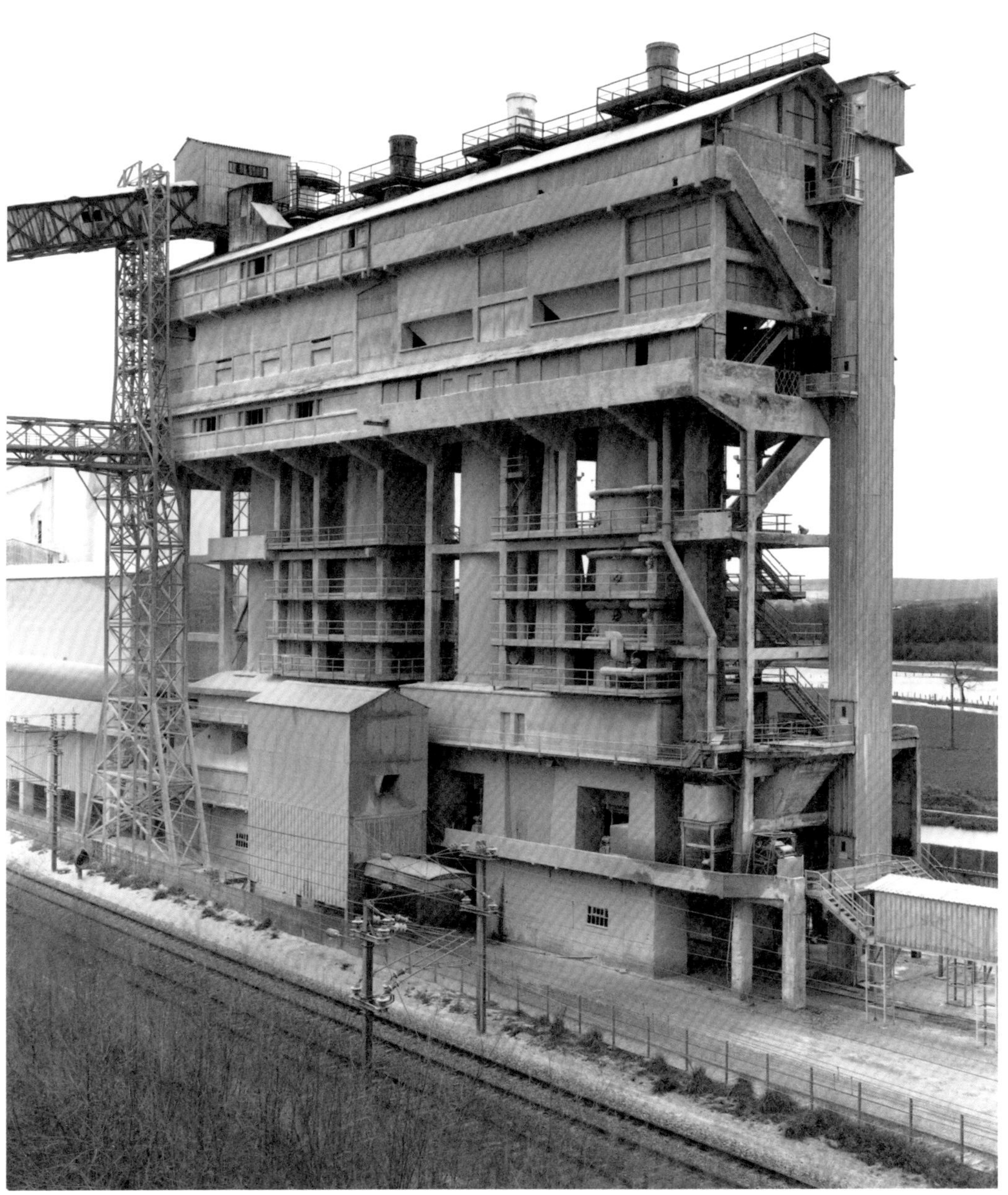

Grain Elevator / Getreidesilo

Bremen, D 2000

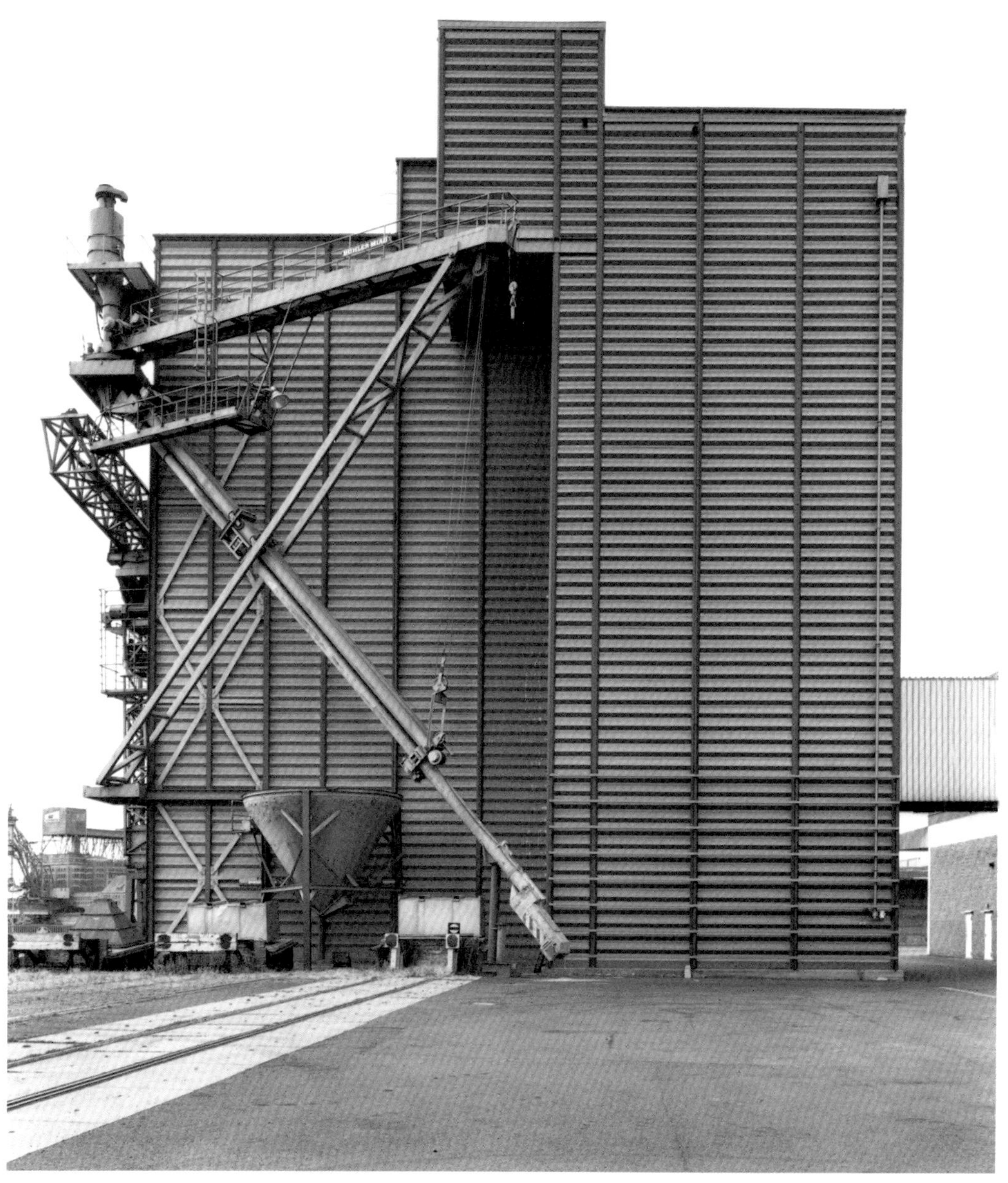

Grain Elevator / Getreidesilo
Beaumetz/Amiens, F 2000

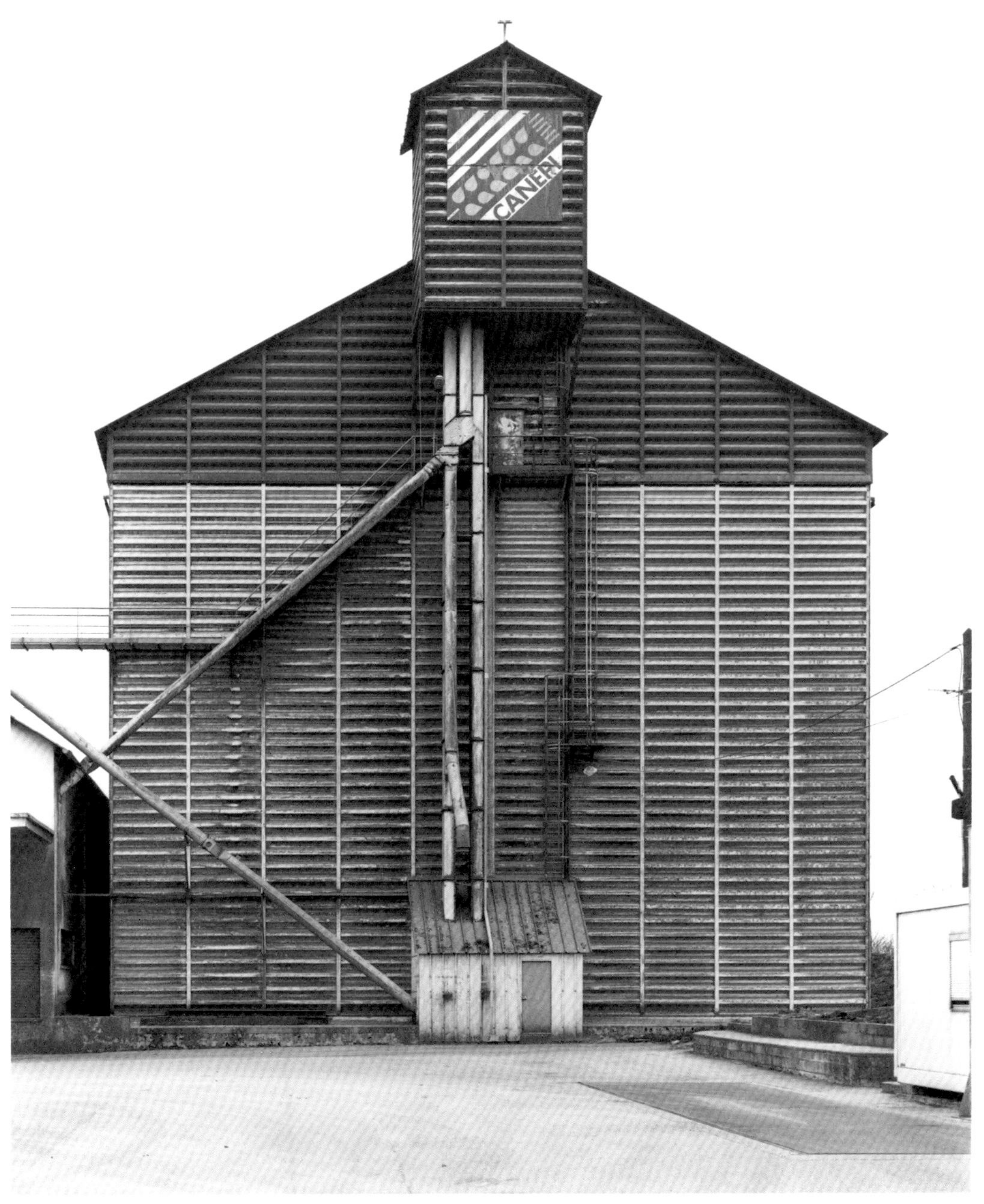
CANERI

Grain Elevator / Getreidesilo
Ailly/Amiens, F 2000

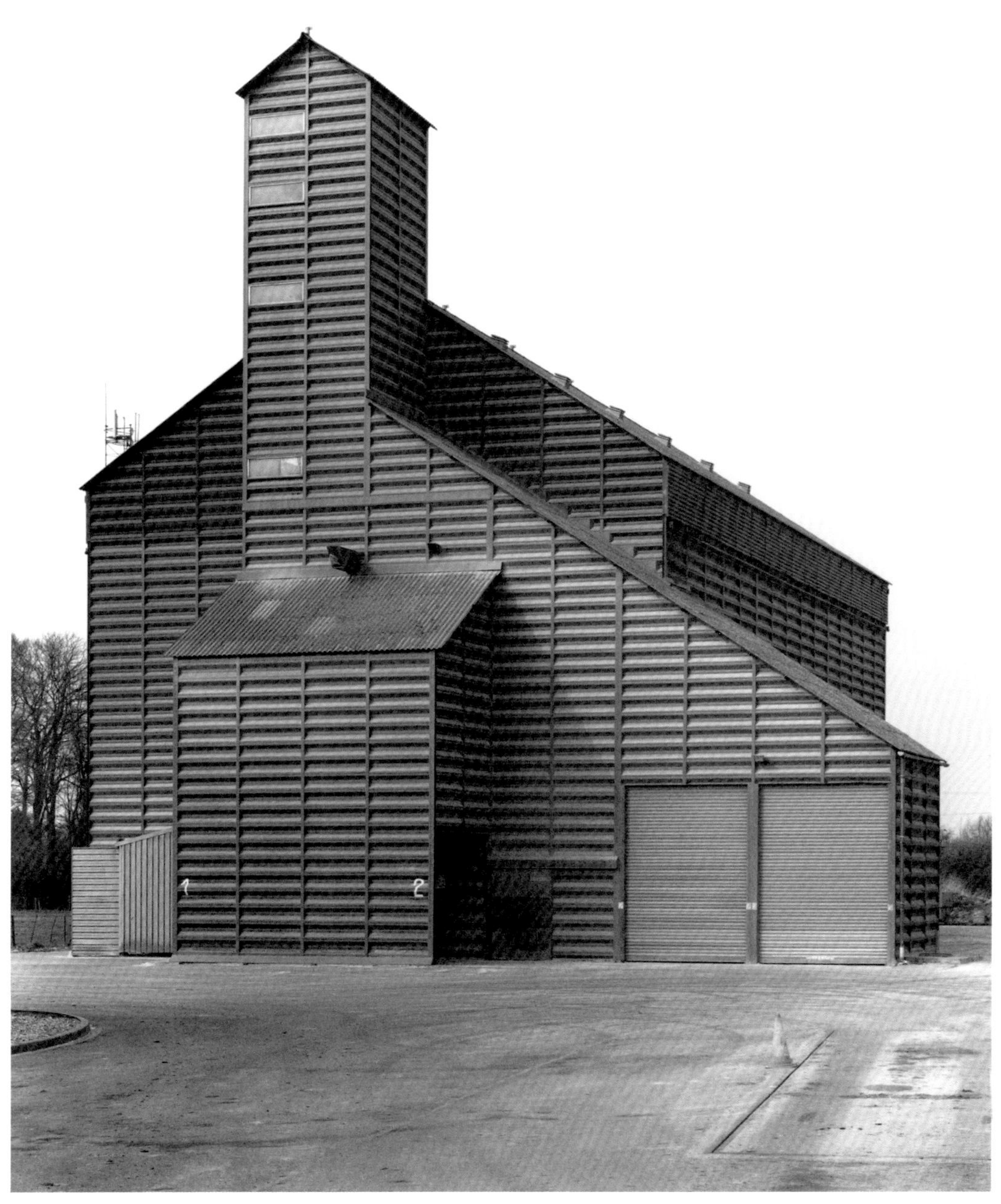
1
2

Grain Elevator / Getreidesilo
Pipercity, Illinois, USA 1982

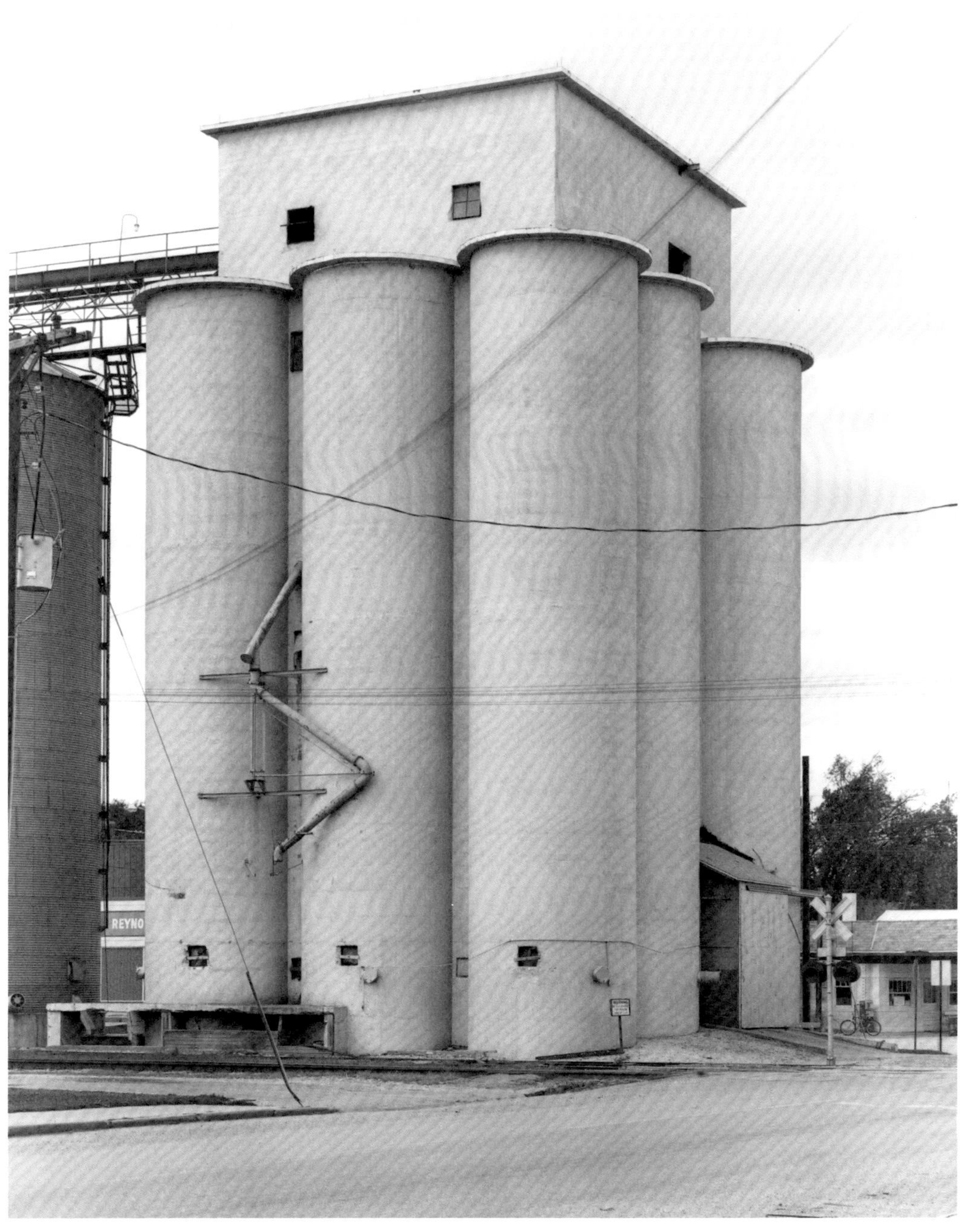
REYNO

Grain Elevator / Getreidesilo
Bad Lansick, D 1998

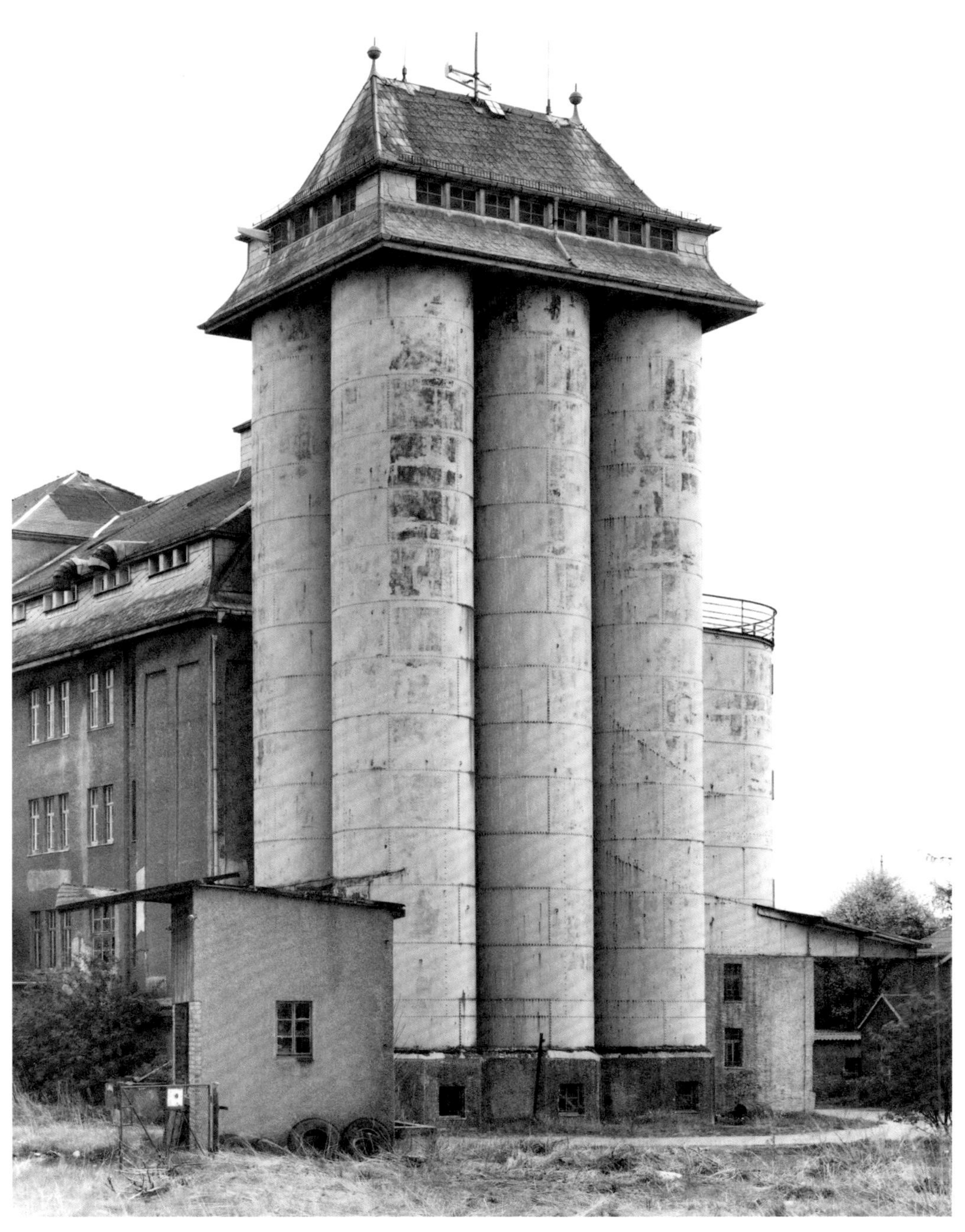

Grain Elevator / Getreidesilo
Duisburg, D 2002

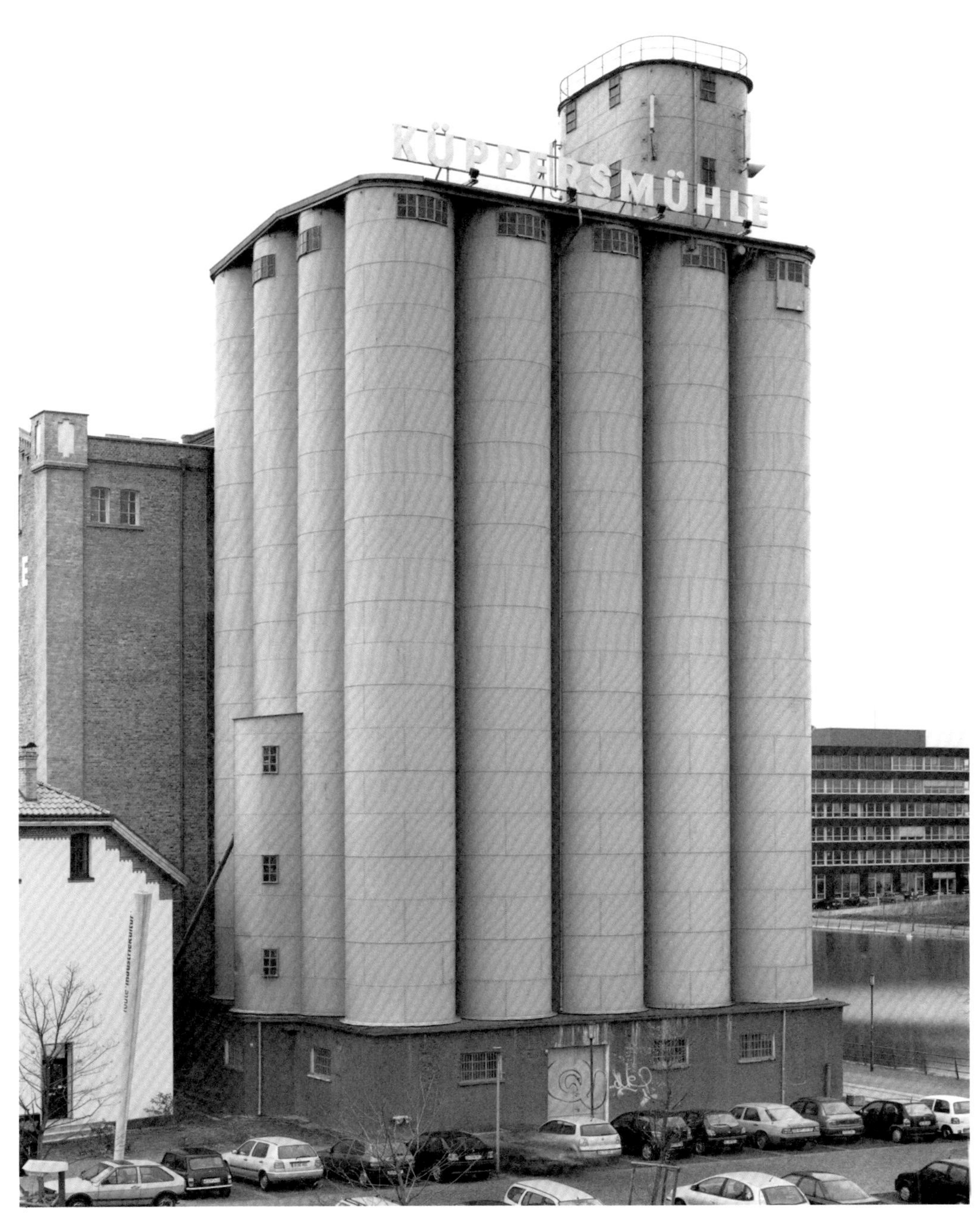
KÜPPERSMÜHLE

Coal Bunker / Kohlebunker
Zeche Friedrich Heinrich, Kamp-Lintfort, D 1979

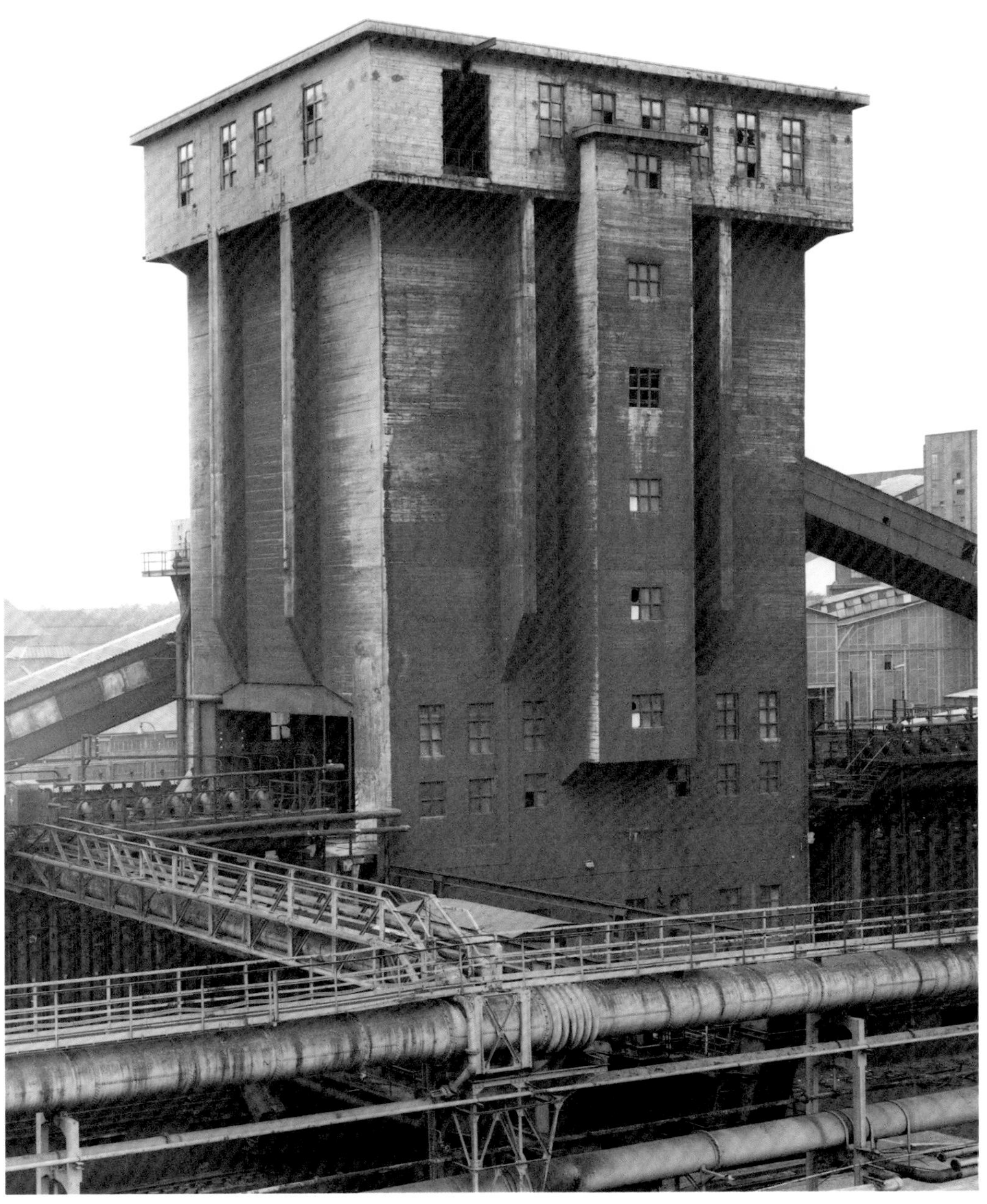

Coal Bunker / Kohlebunker

Repelen, Niederrhein, D 1973

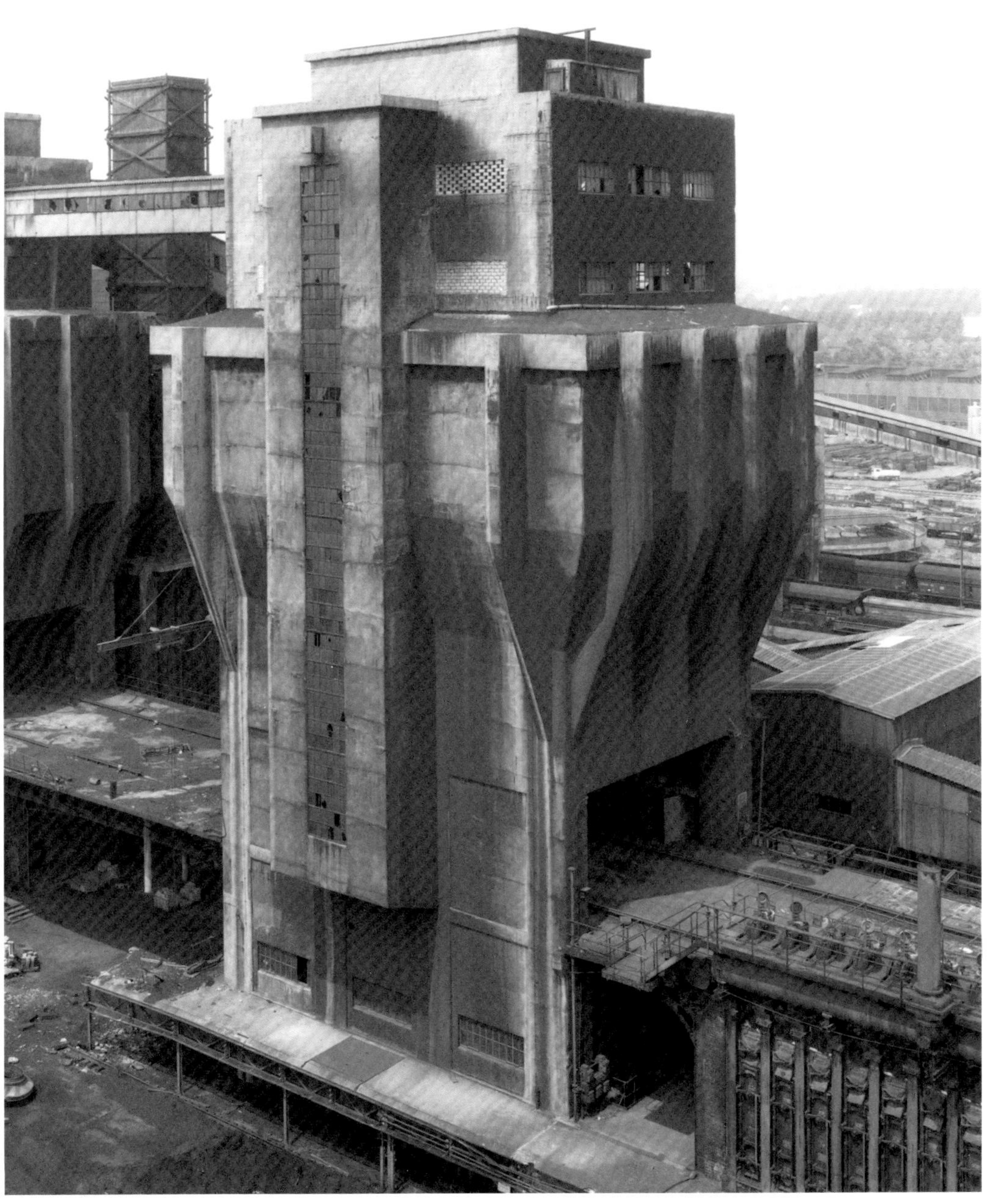

Coal Bunker / Kohlebunker

Zeche Emscher-Lippe, Datteln, D 1985

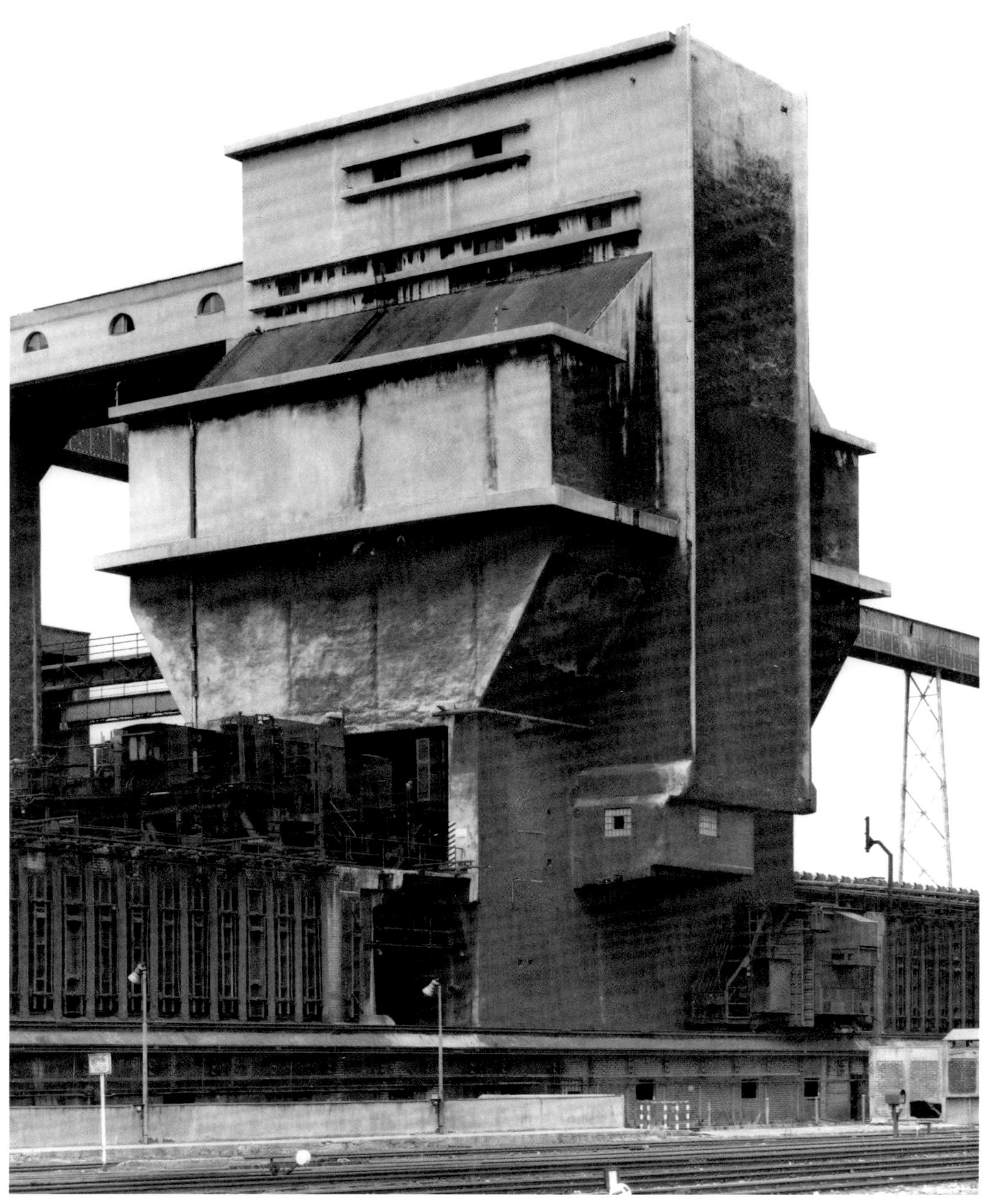

Coal Bunker / Kohlebunker
Zeche Radbod/Hamm, D 1982

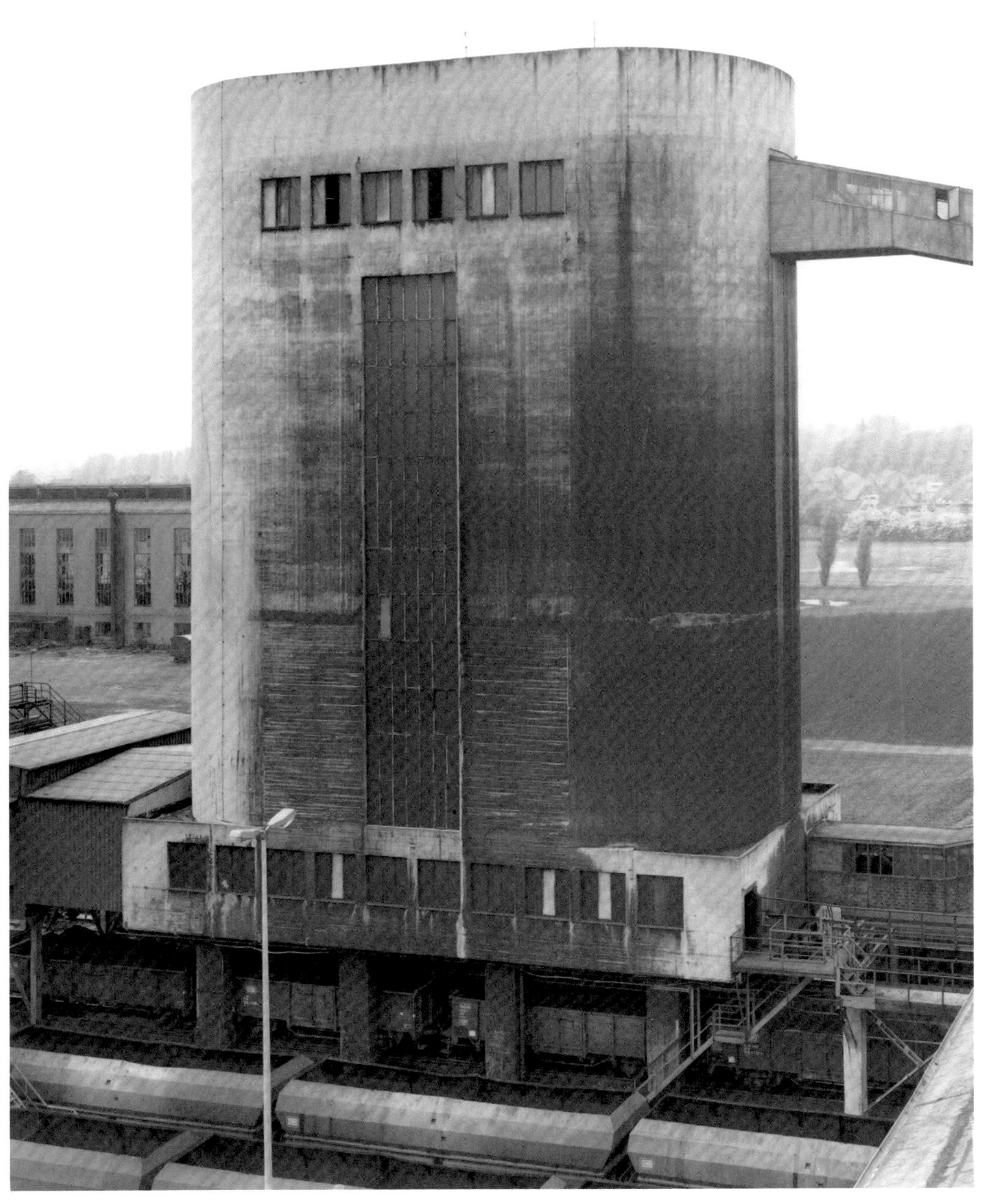

Coke Quenching Tower / Kokslöschturm

Zeche Zollverein, Essen, D 1998

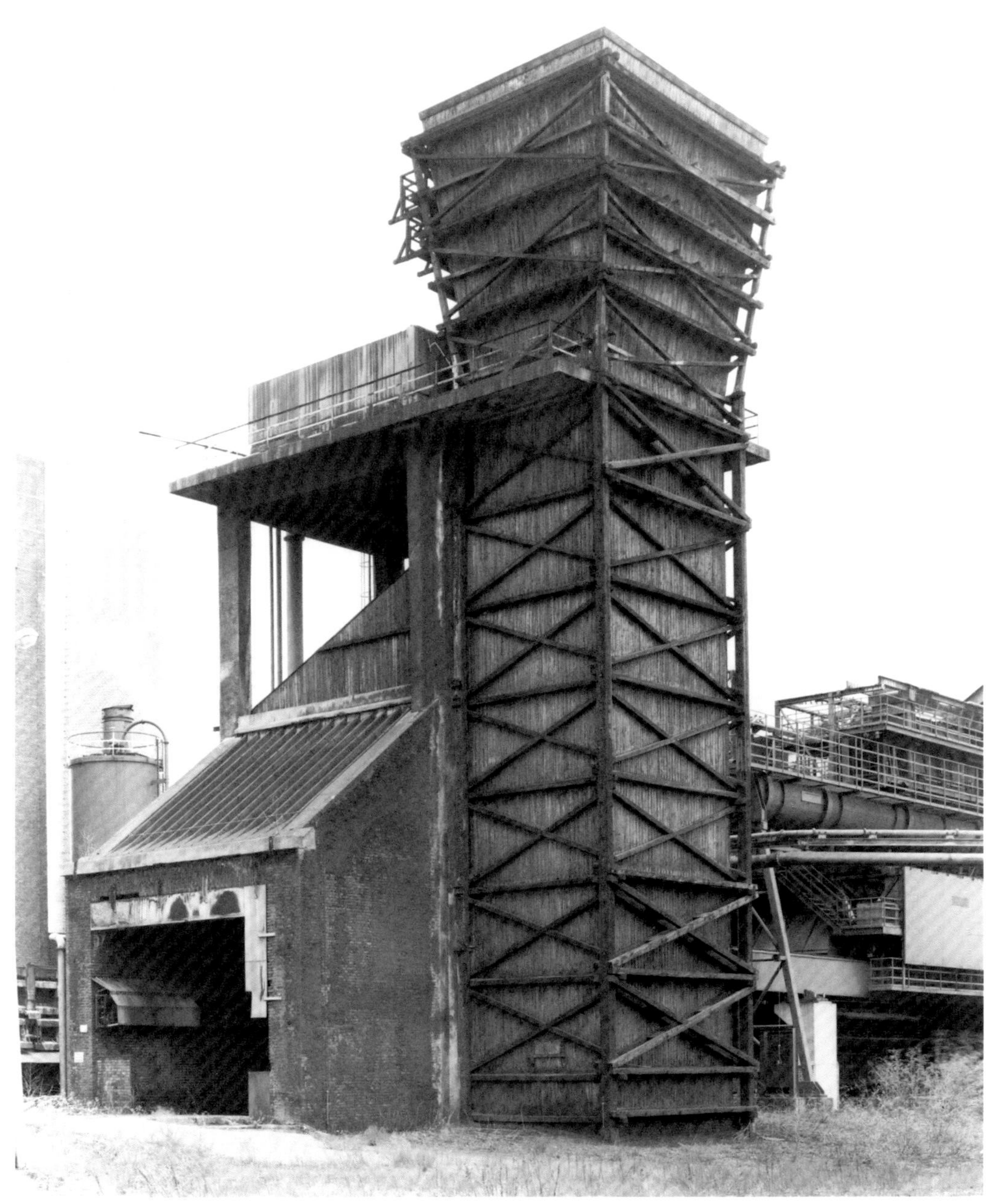

Coke Quenching Tower / Kokslöschturm
Zeche Emscher-Lippe, Datteln, D 1985

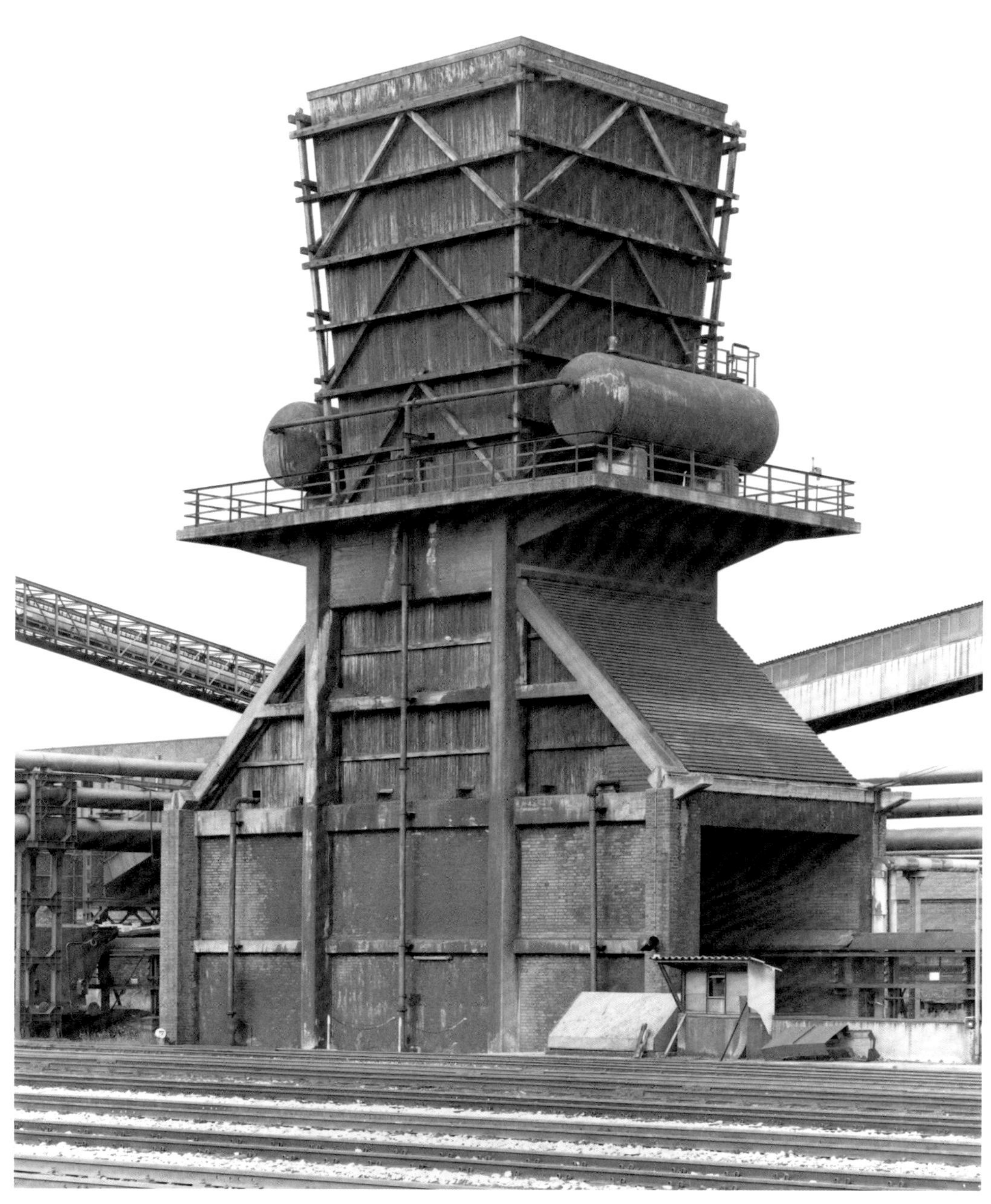

Blast Furnace / Hochofen
Hainer Hütte, Siegen, D 1961

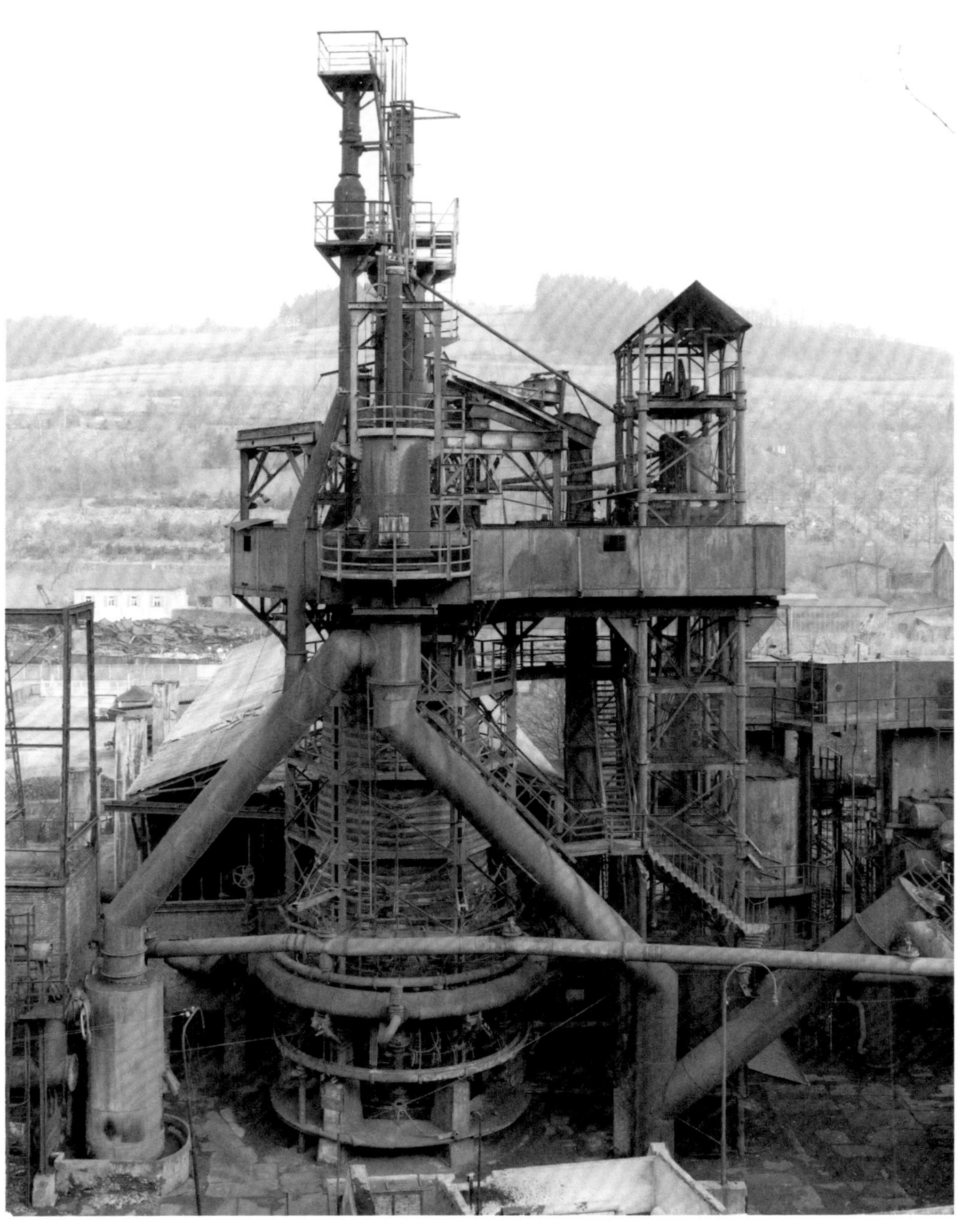

Blast Furnace / Hochofen

Youngstown, Ohio, USA 1983

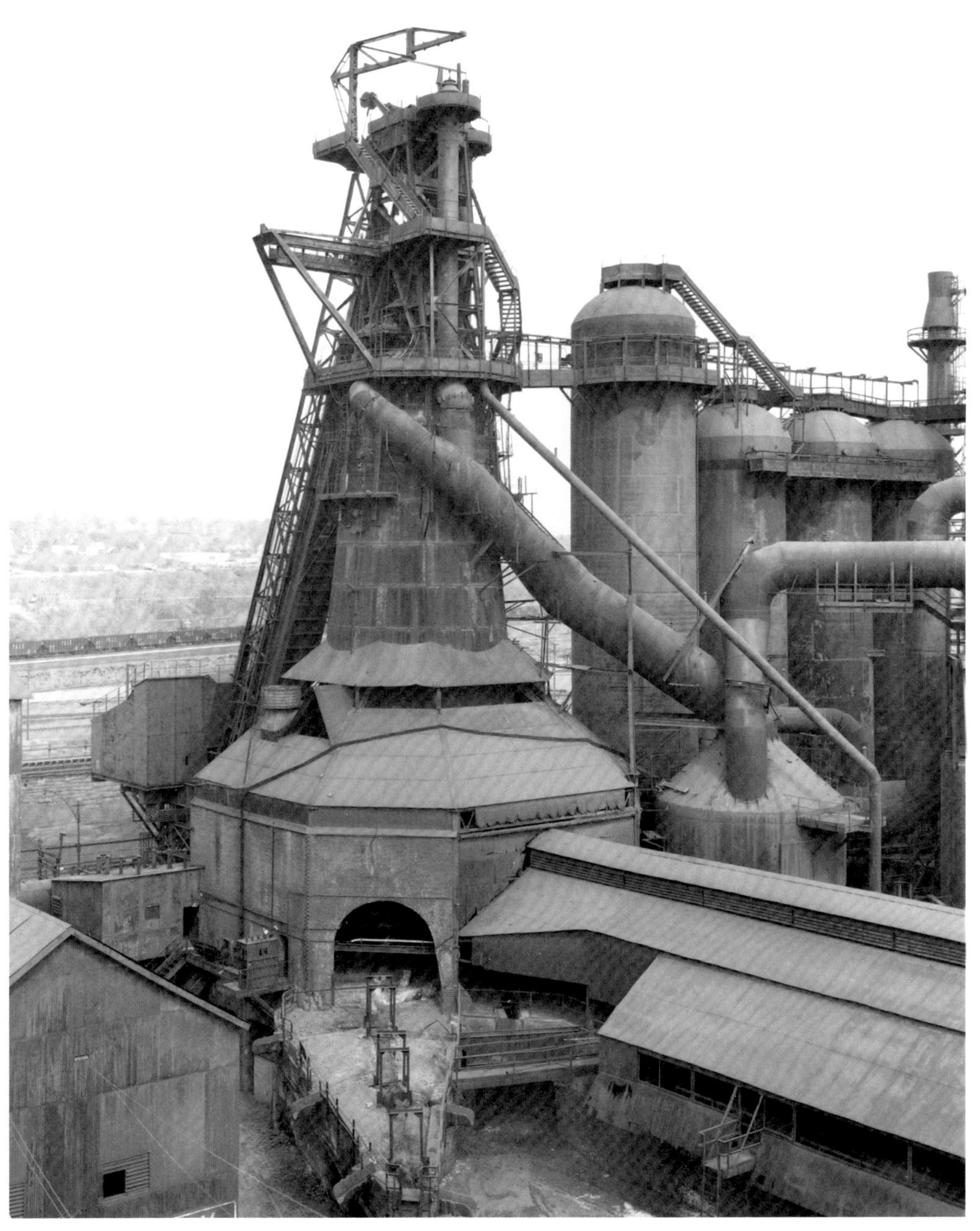

Blast Furnace / Hochofen

Aliquippa, Pennsylvania, USA 1986

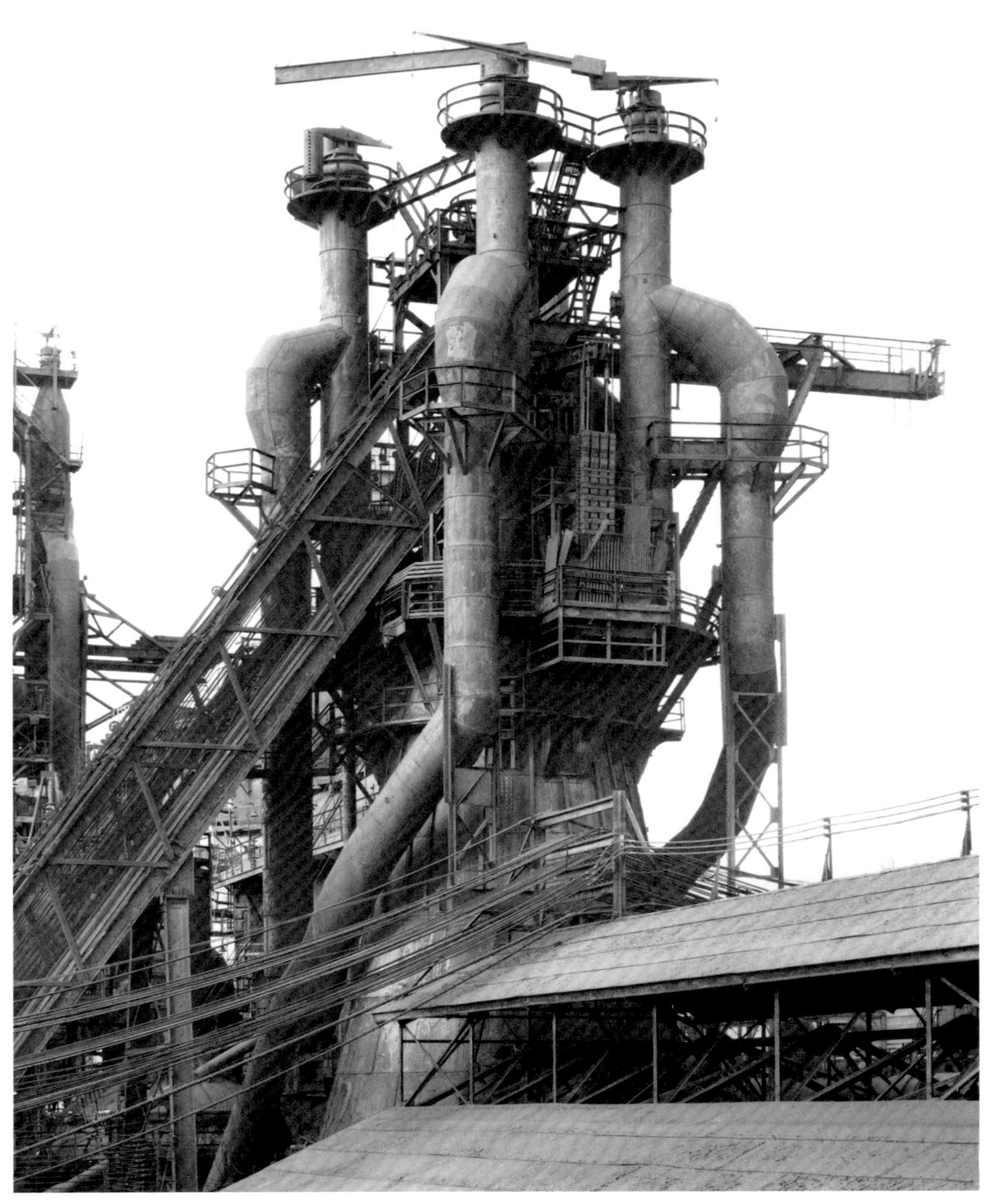

Blast Furnace / Hochofen
Steubenville, Ohio, USA 1980

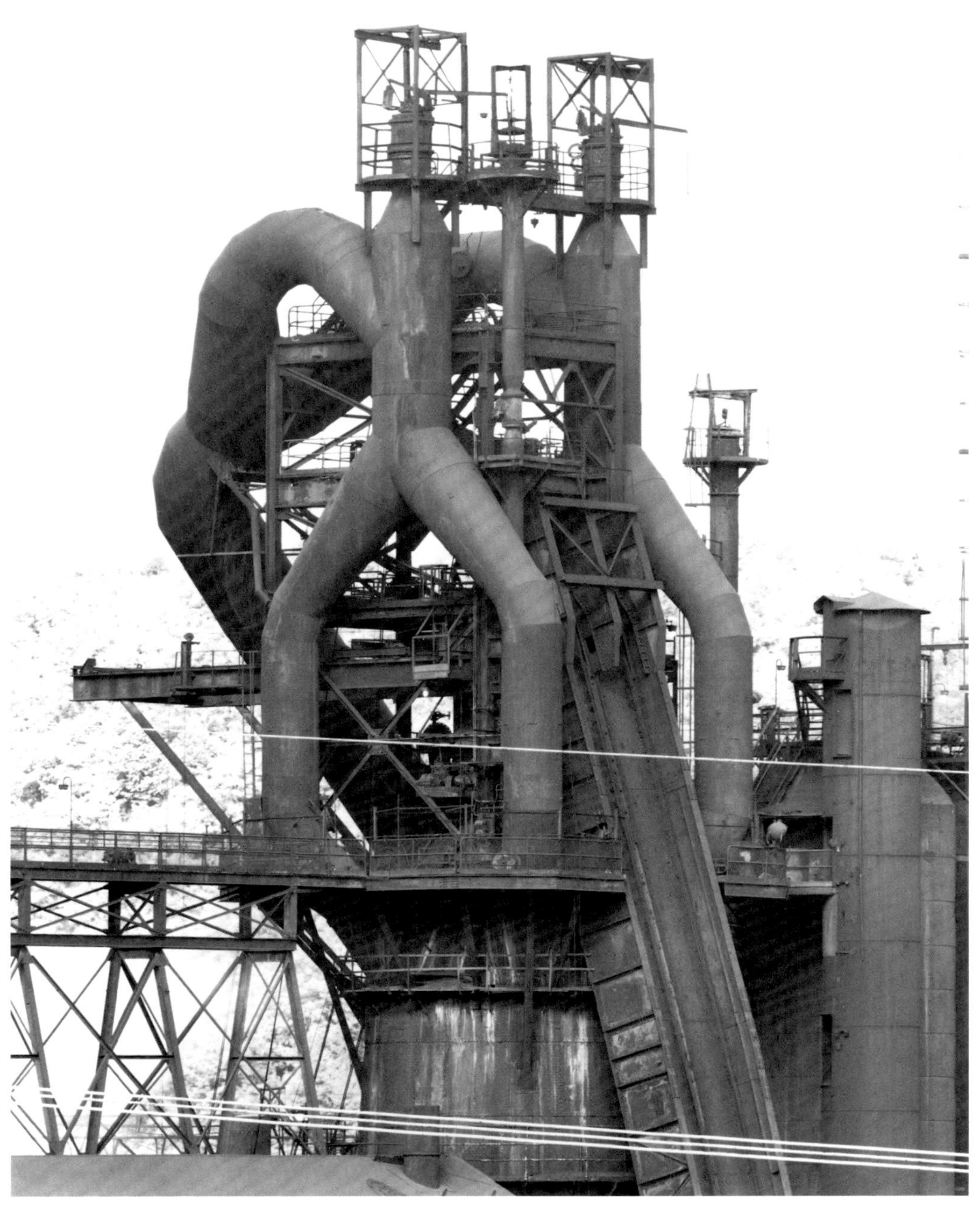

Blast Furnace / Hochofen
Duisburg-Bruckhausen, D 1995

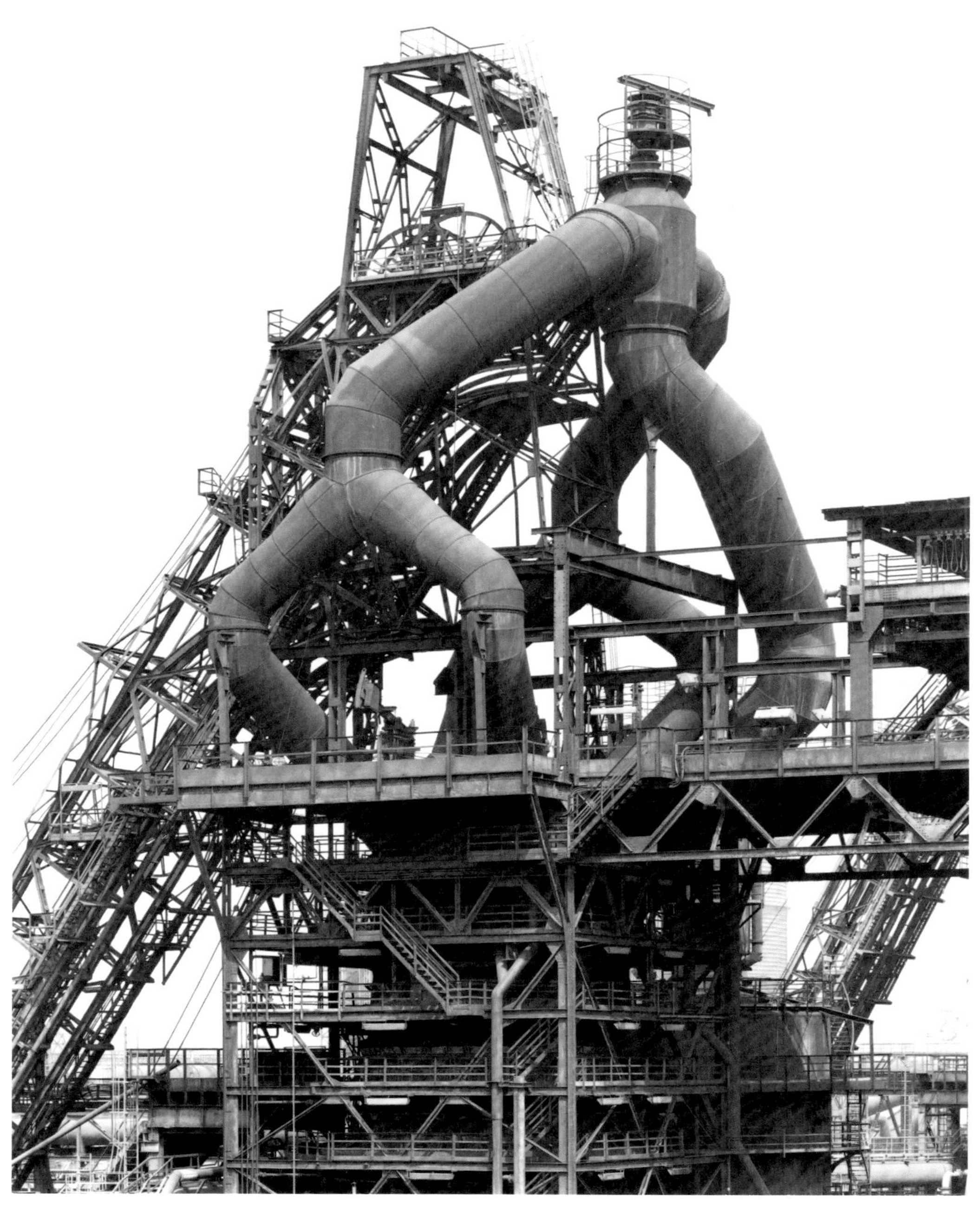

Blast Furnace / Hochofen

Lübeck-Herrenwyk, D 1983

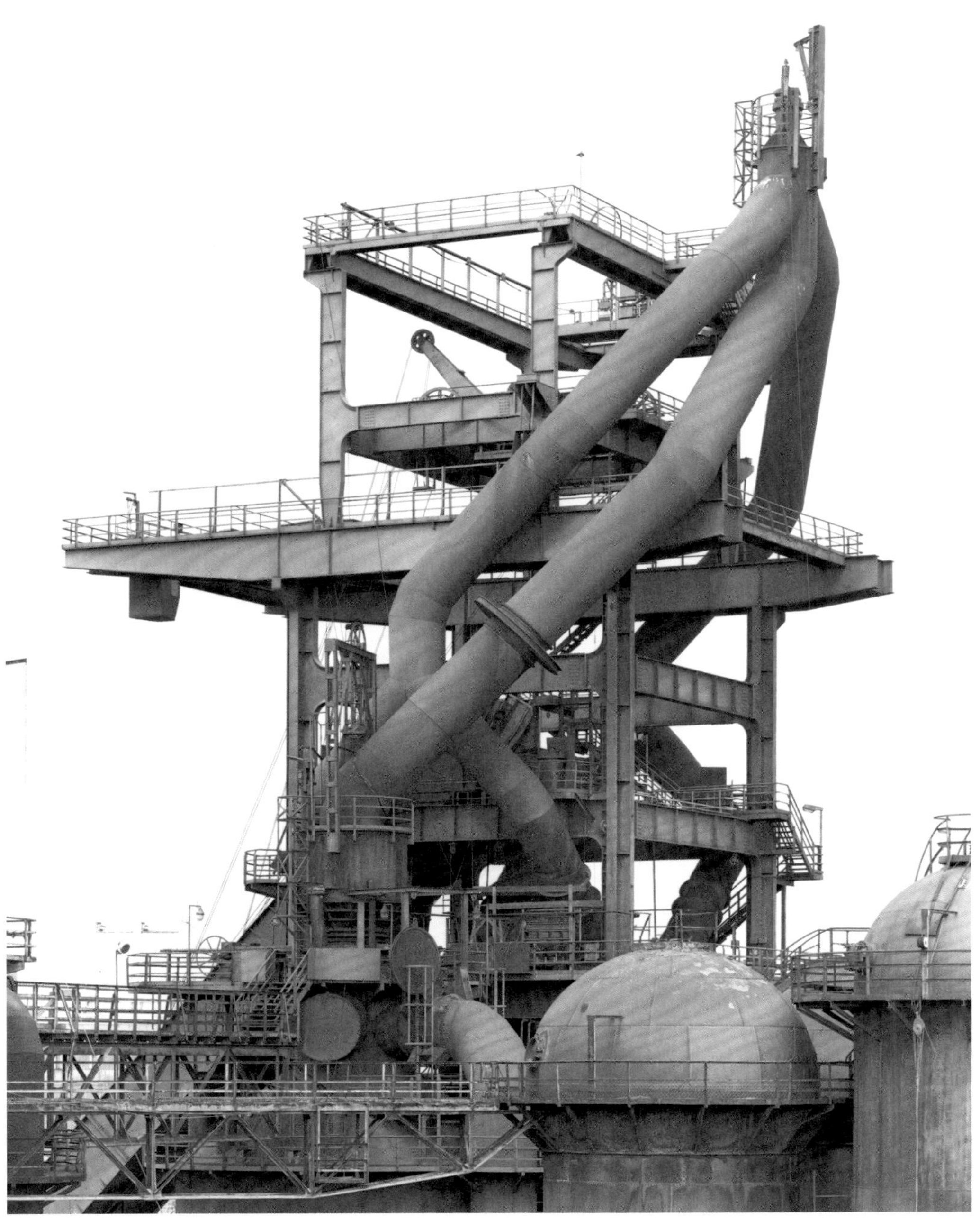

Blast Furnace / Hochofen

Ilsede/Hannover, D 1984

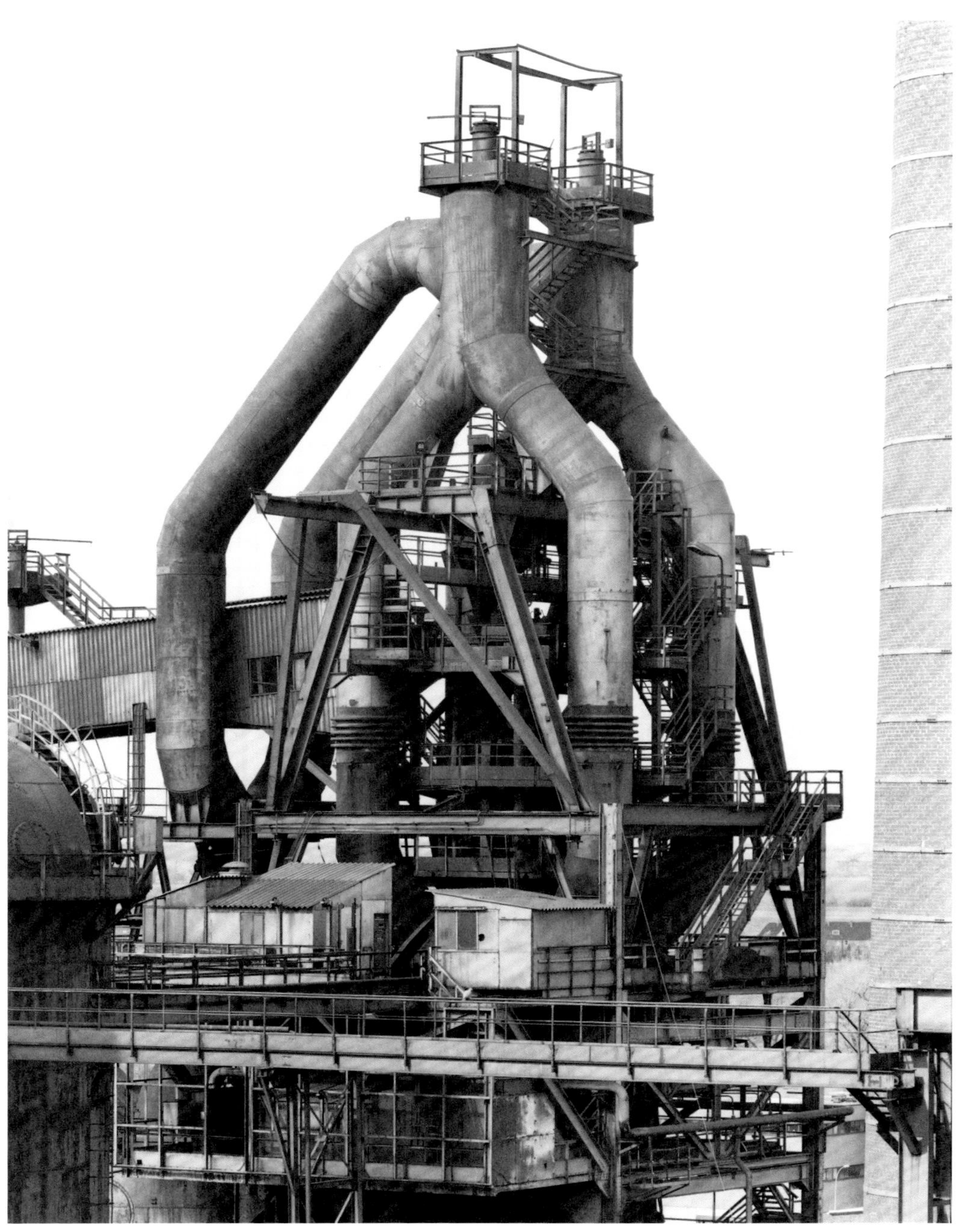

Blast Furnace / Hochofen
Terre Rouge, Esch-Alzette, L 1979

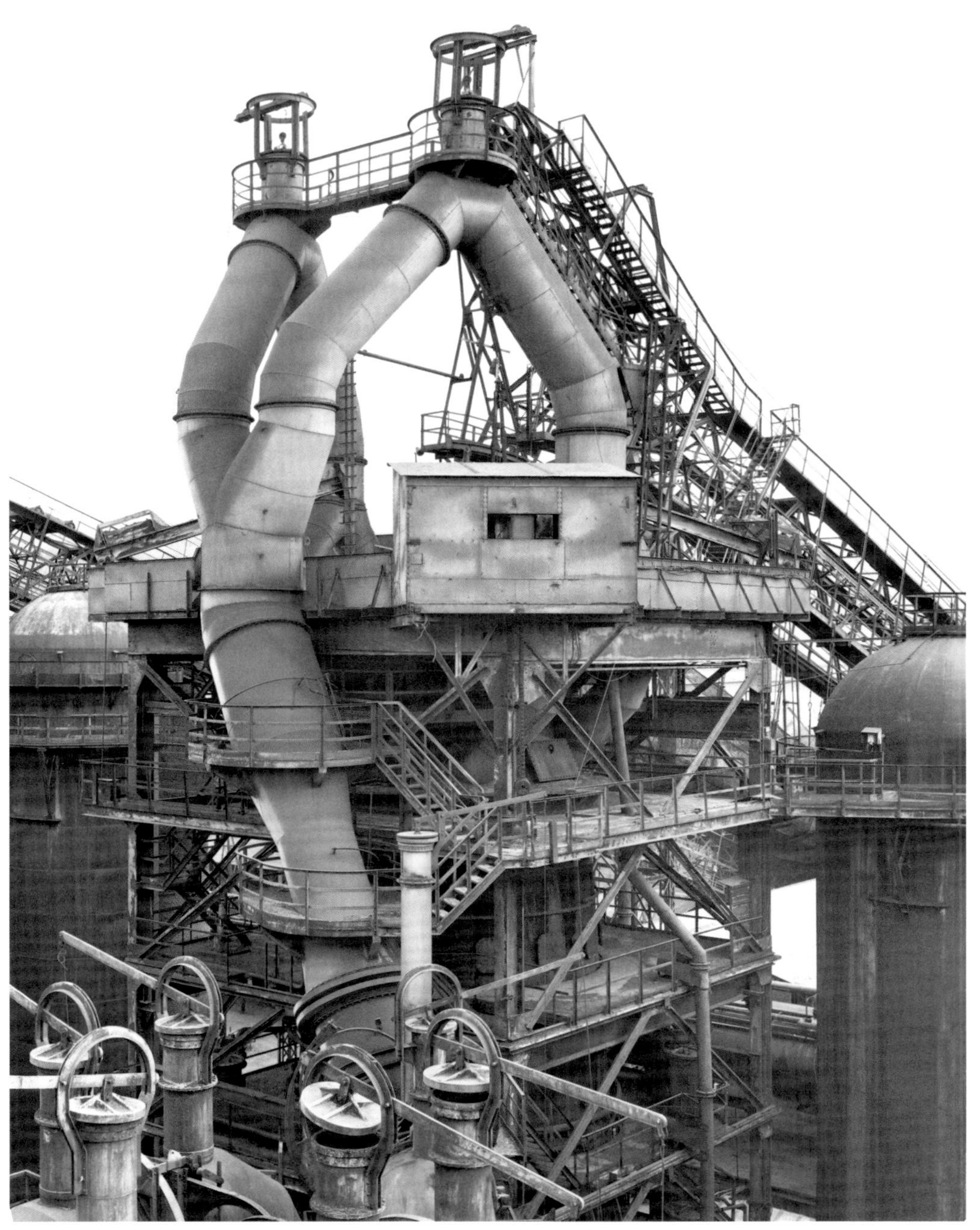

Filter Plant / Entstaubungsanlage
Belvall, Esch-Alzette, L 1996

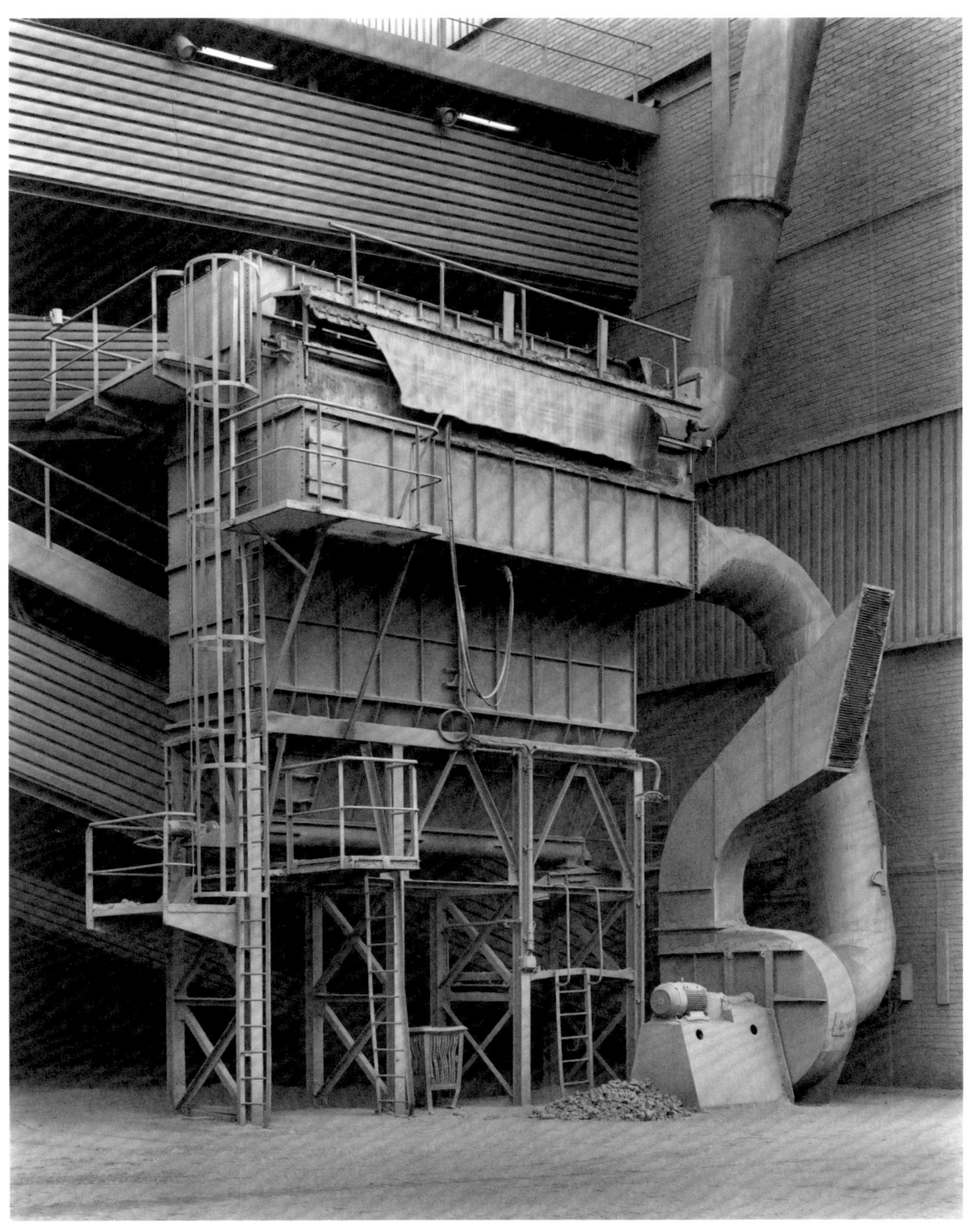

Filter Plant / Entstaubungsanlage
Neuves Maisons, F 1986

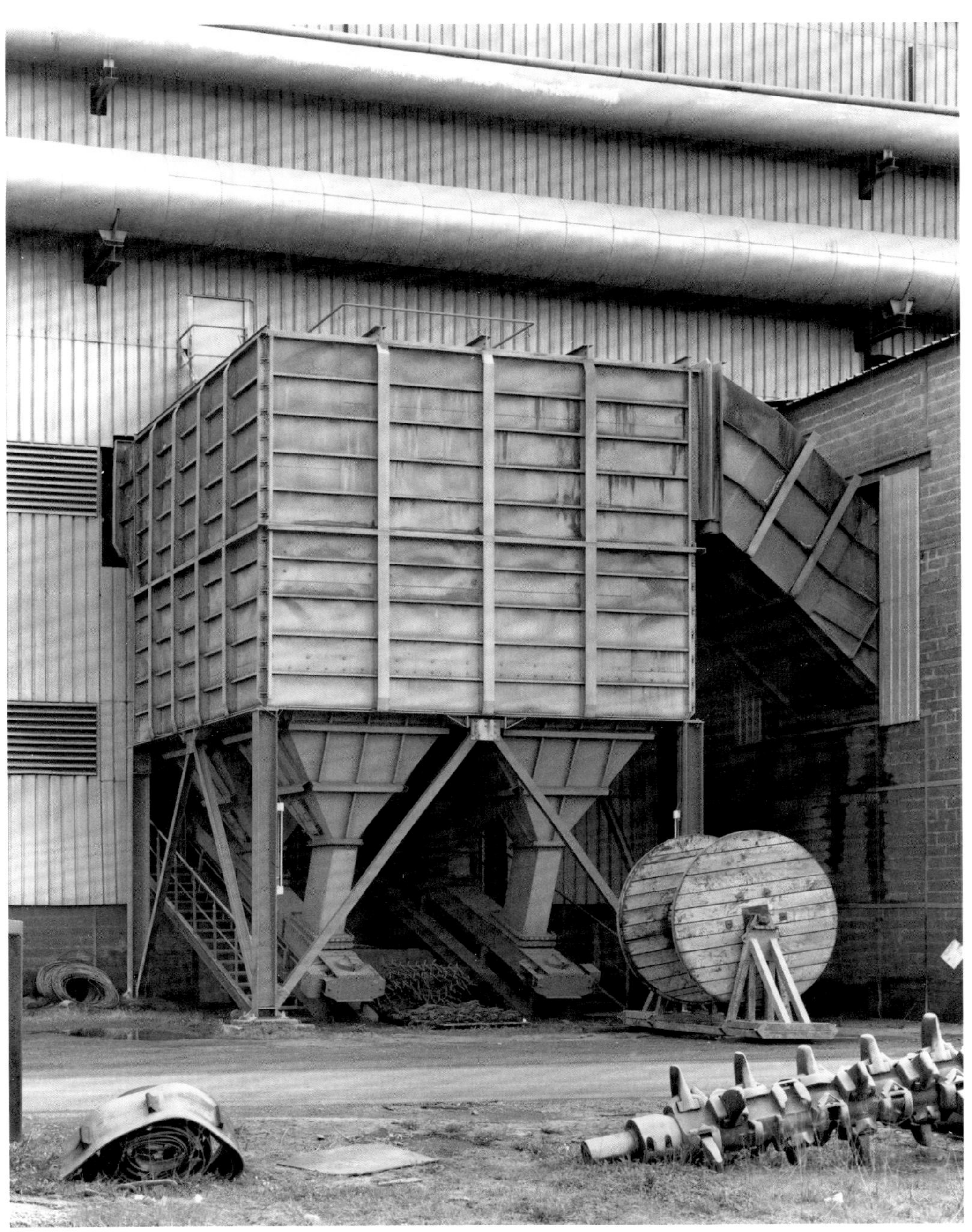

Detail
Georgsmarienhütte, Osnabrück, D 1987

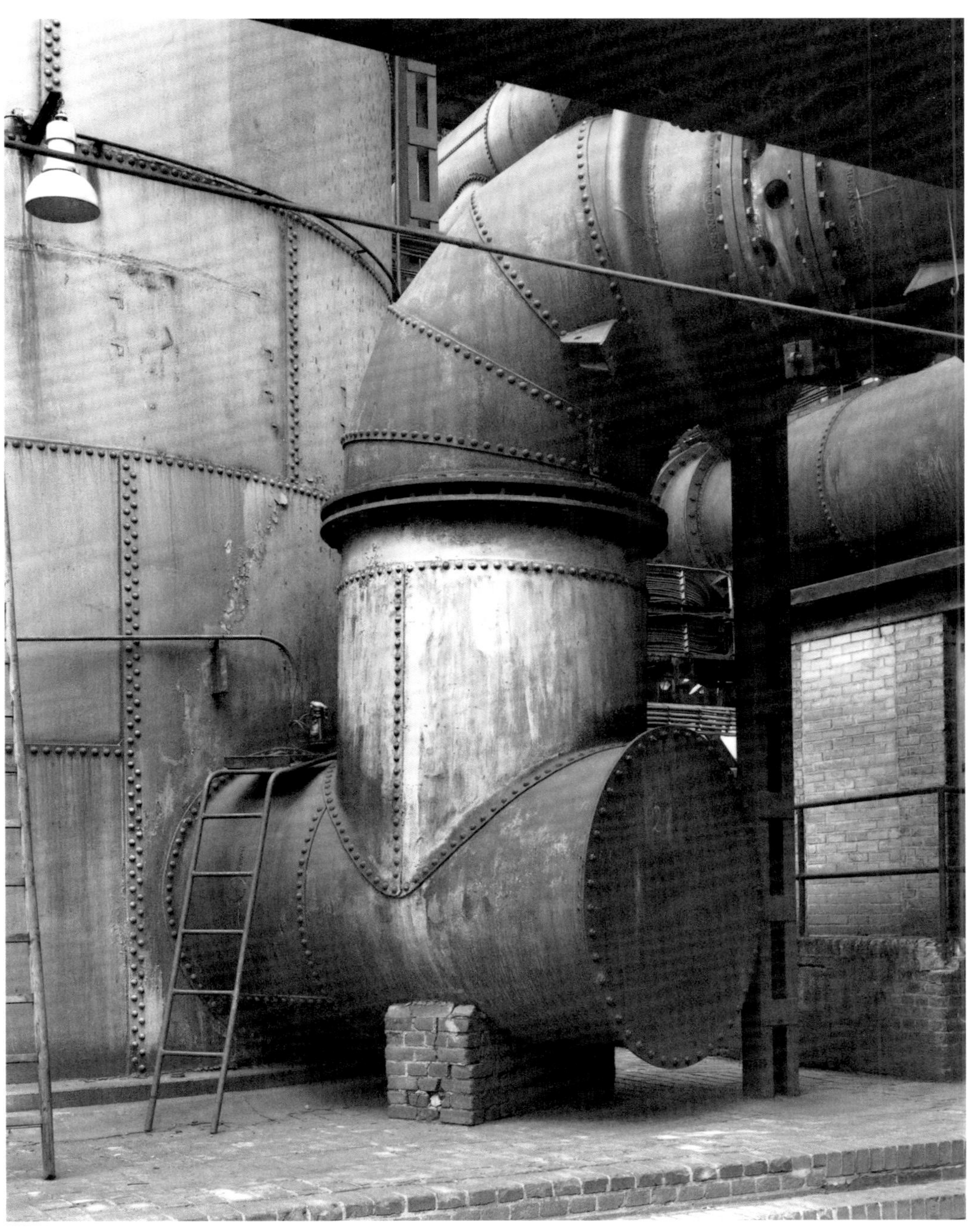

Detail
Unterwellenborn/Saalfeld, D 1991

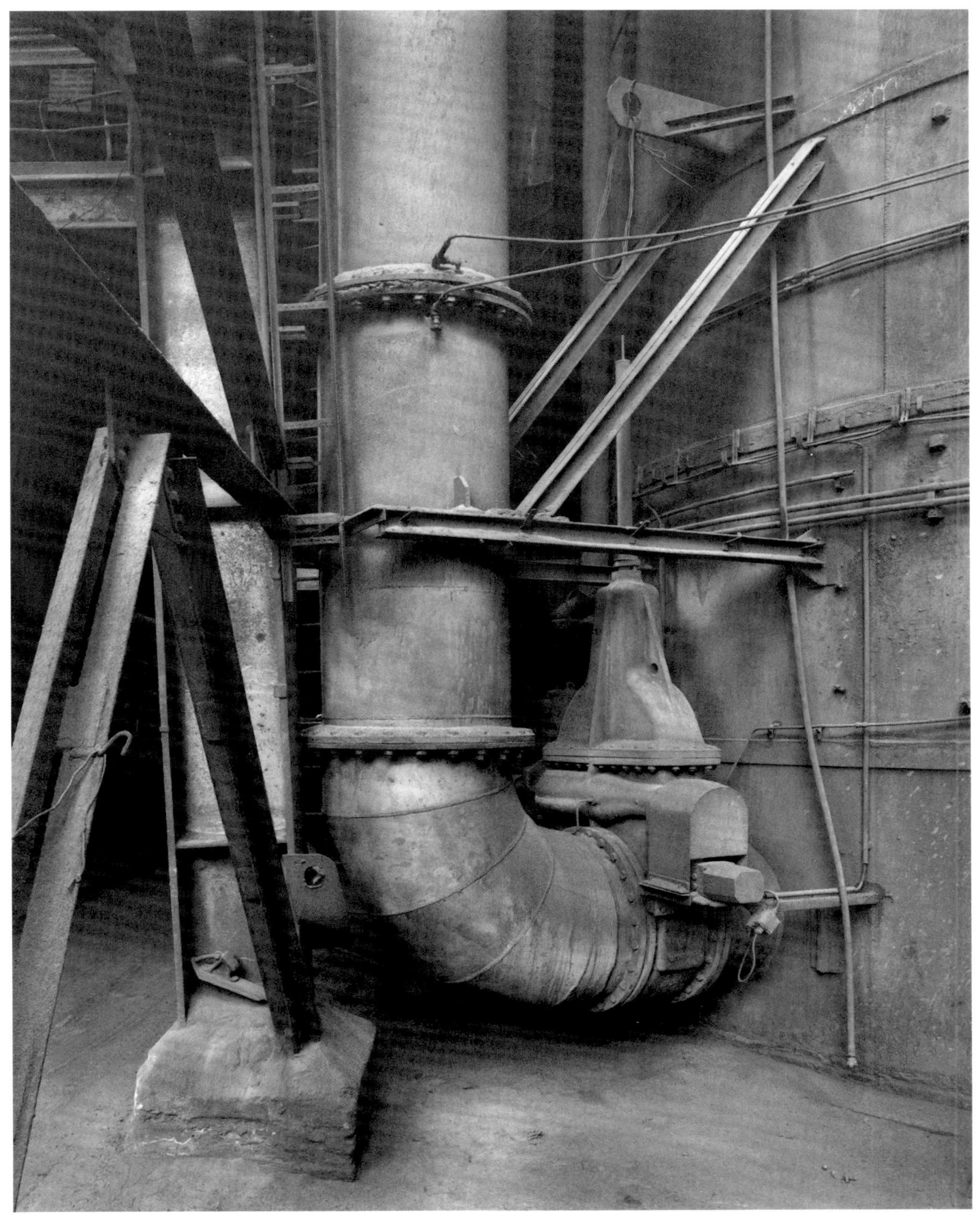

Detail
Duisburg-Bruckhausen, D 1995

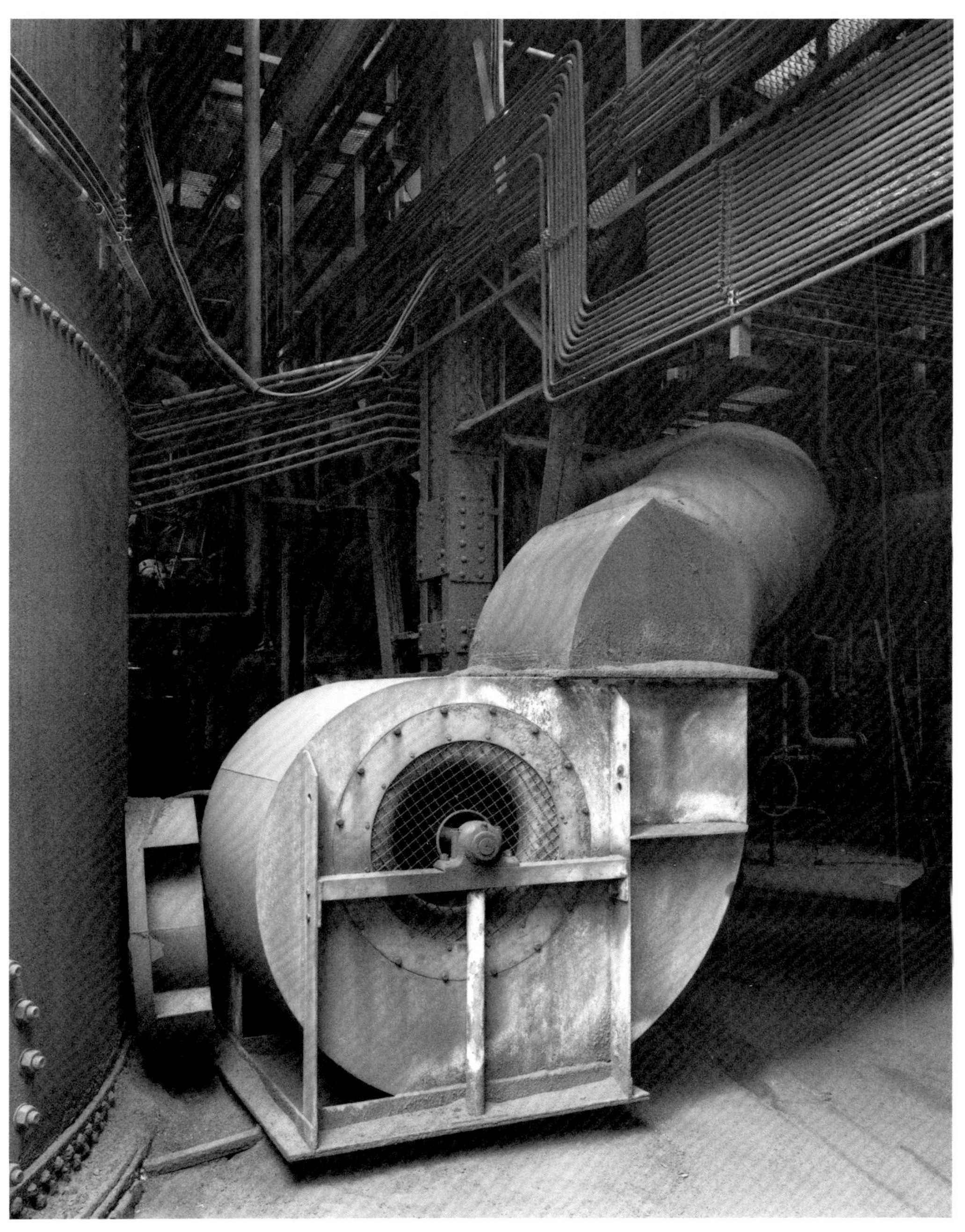

Detail
Chemical Plant / Chemische Anlage
Wesseling/Köln, D 1983

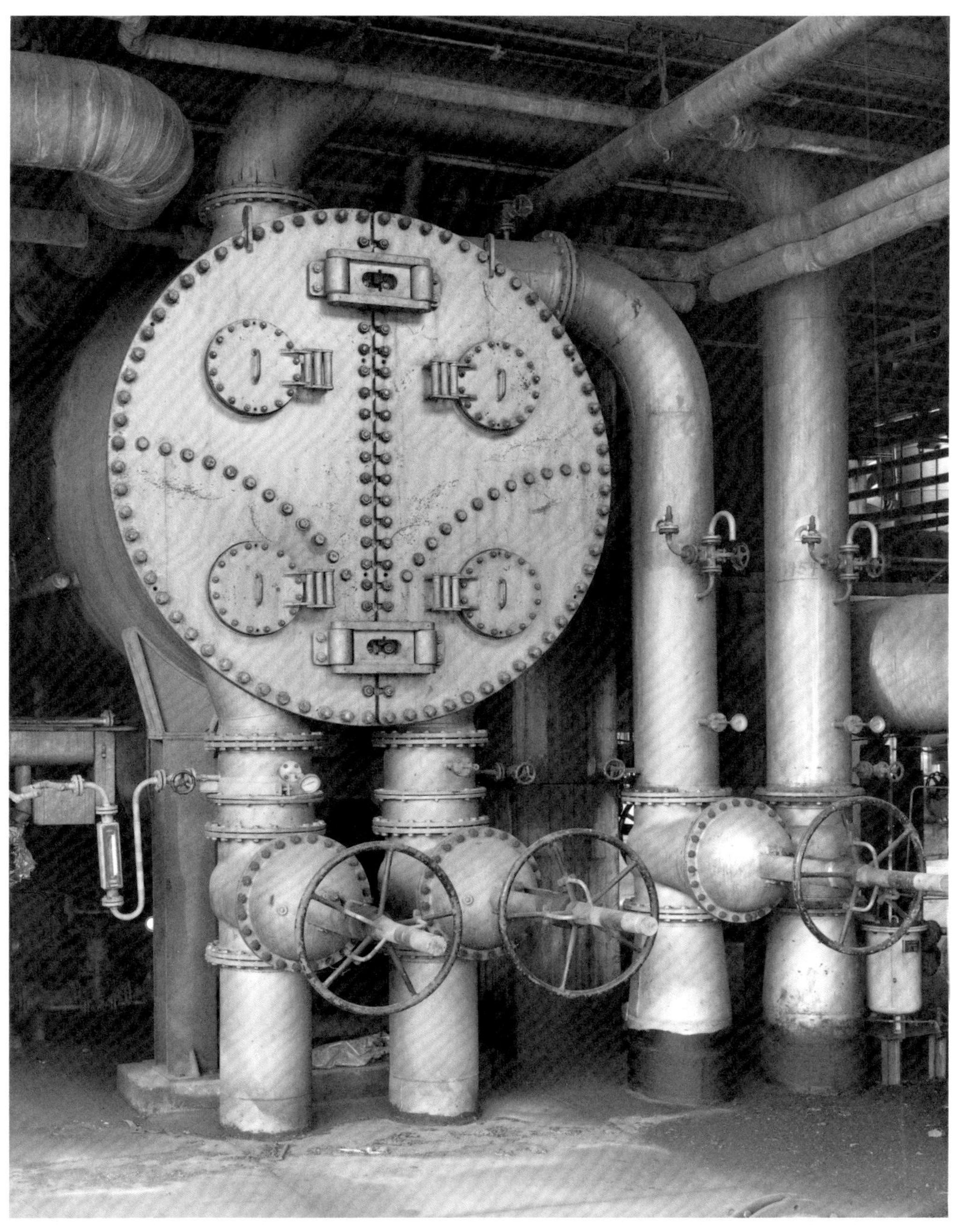

Detail

Chemical Plant / Chemische Anlage

Wesseling/Köln, D 1983

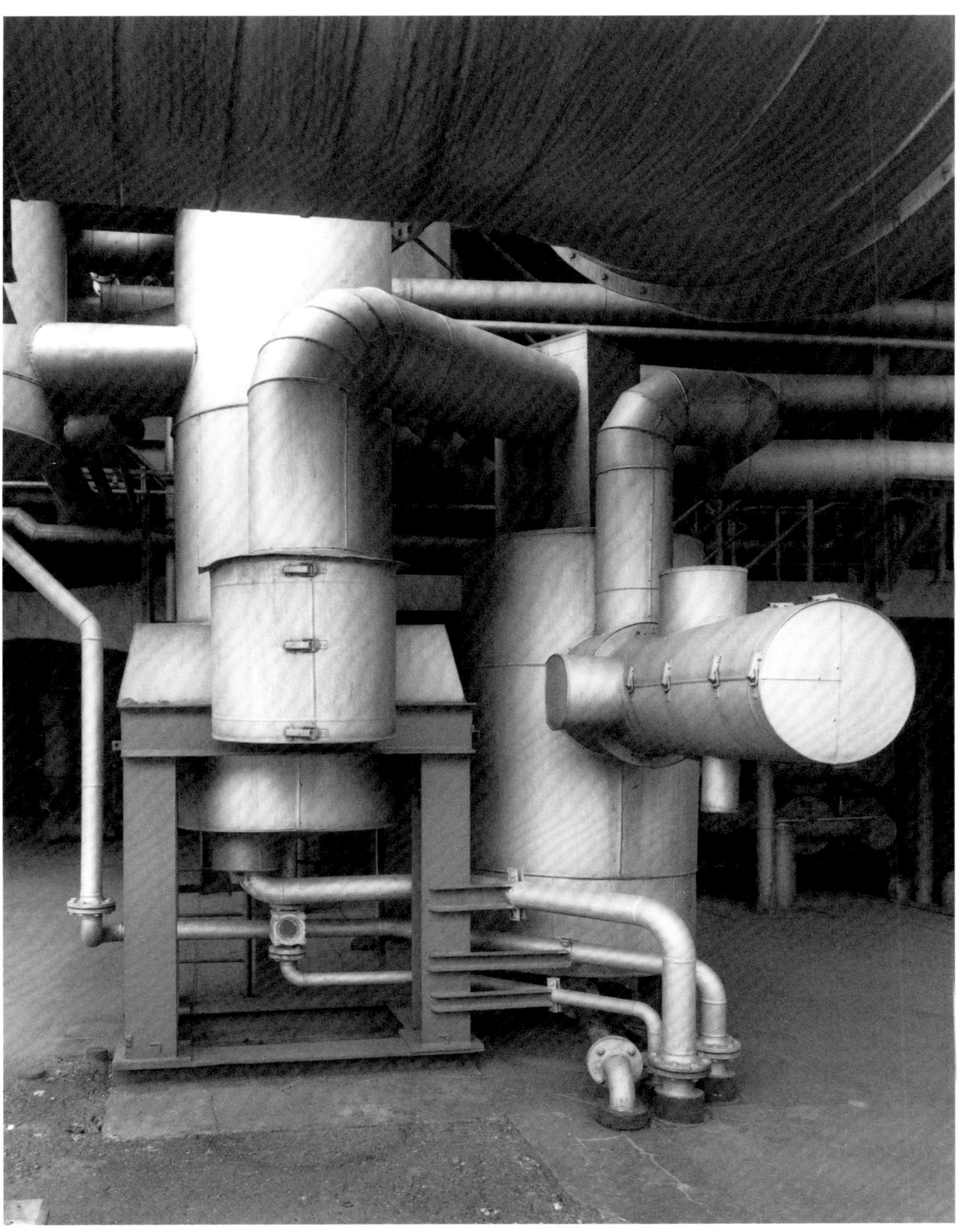

Detail

Chemical Plant / Chemische Anlage

Wesseling/Köln, D 1983

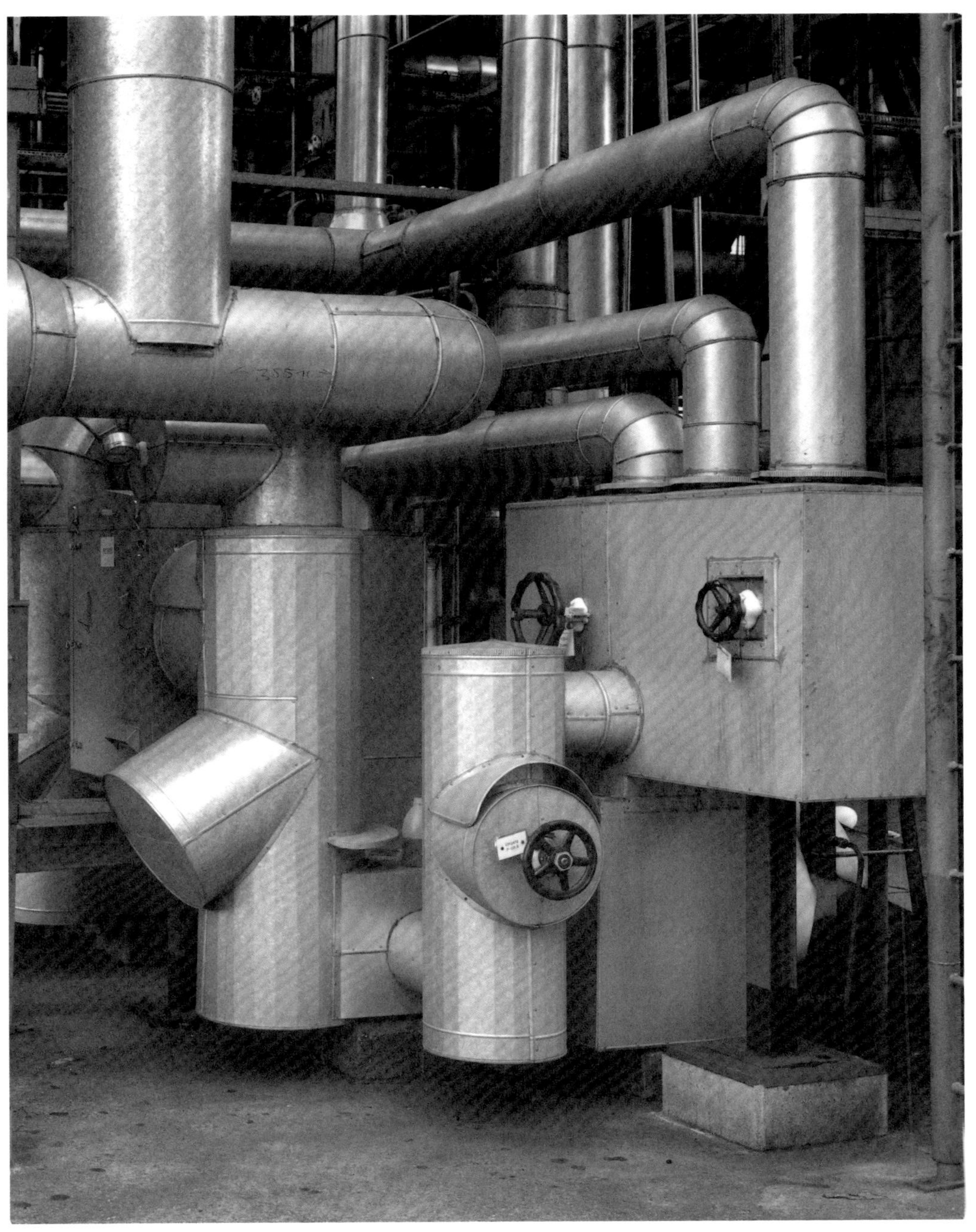

VORWORT

GUNILLA KNAPE

Bernd und Hilla Becher gehören zu den einflußreichsten Künstlern der Gegenwart. Seit Anfang der 1960er Jahre haben beide gemeinsam mit einer unübertroffenen systematischen Genauigkeit industrielle Bauten dokumentiert, deren Architektur ganz von ihrer jeweiligen Funktion her bestimmt ist. Ihre Begeisterung für die Strukturen dieser Bauten hat Photographien hervorgebracht, die unschätzbare Zeugnisse der kulturellen und technologische Entwicklung einer zu Ende gehenden Epoche des Industriezeitalters darstellen. Wie Aufnahmen herausragender historischer oder moderner Architektur vermitteln auch die Bilder dieser nüchternen, unspektakulären Bauten Monumentalität und Zeitlosigkeit. Von den Objekten geht eine unerwartete und verhaltene Schönheit aus, wobei auch das kleinste Detail gestochen scharf wiedergegeben ist.

Bernd und Hilla Becher gehören zu der seltenen Spezies von Künstlern, die von solcher Leidenschaft für ihren Gegenstand erfüllt sind, daß sie stets unbeirrt ihren eigenen Weg gegangen sind, auch wenn dies oft bedeutete, gegen den allgemeinen Trend in der Photographie zu arbeiten. Im Laufe der 1960er und Anfang der 1970er Jahre zogen ihre Bilder, die im Rahmen von Gruppenausstellungen gemeinsam mit Arbeiten der Konzeptkunst und des Minimalismus in Europa und in den USA gezeigt wurden, die Aufmerksamkeit auf sich. Doch erst später fanden sie Anerkennung als Photographen.

Bernd und Hilla Bechers Photographien sind durch ihren unverwechselbaren Stil auf Anhieb zu erkennen. Systematisch und mit naturwissenschaftlicher Präzision haben sie sich auf individuelle Industrieobjekte konzentriert, die sie in eindrucksvoller Weise präsentieren. Die Gebäude werden aus ihrer Umgebung herausgehoben, mittig ins Bild plaziert und ohne perspektivische Verzerrung abgelichtet. Alles Überflüssige, jedes narrative Element wird vermieden. Im diffusen Licht, das jeden Schatten auslöscht, erscheint der graue Himmel ohne eine einzige Wolke. Menschen gibt es nur selten auf den Photographien; es ist reiner Zufall, wenn dennoch einer zu sehen ist. Die Photographien zeigen eine fragmentierte Welt, in der die Bildoberfläche vom Gegenstand gänzlich ausgefüllt ist.

Bernd und Hilla Bechers Betrachtungsweise industrieller Bauten ist historisch geprägt. Gleichzeitig bezeugt ihre umfangreiche Dokumentation eine einzigartige künstlerische Stringenz. Durch ihre photographische Arbeitsmethode unterstreichen sie die strukturellen Ähnlichkeiten und Unterschiede der verschiedenen industriellen Objekte. Das vergleichende Sehen wird verstärkt gefördert durch die charakteristische Art der Präsentation ihrer Bilder, die sie Mitte der 1960er Jahre entwickelt haben – die rasterartige Anordnung in Gruppen, sogenannte Typologien. Auf diese Weise wird das, was den Typus der Objekte ausmacht, herausgearbeitet; wir können nicht nur die individuellen Strukturen analysieren, sondern lernen auch, diese Konstruktionen in ihrer realen Umgebung überhaupt wahrzunehmen. Die Kunst der Bechers läßt sich am besten mit den Worten Paul Klees zusammenfassen: »Kunst gibt nicht das Sichtbare wieder, sie macht sichtbar.« Wir freuen uns, aus Anlaß der diesjährigen Preisverleihung der Hasselblad Foundation dieses Buch vorlegen und die Ausstellung *Bernd and Hilla Becher – 2004 Hasselblad Award Winners* ausrichten zu können, die vom 20. November 2004 bis zum 16. Januar 2005 im Hasselblad Center in Göteborg gezeigt wird. Von dort aus geht die Ausstellung im Frühjahr 2005 nach Oslo an das Nationalmuseum für Kunst, Architektur und Design. Das Buch enthält eine Auswahl aus dem gesamten Œuvre von Bernd und Hilla Becher – Bilder, die eine begrenzte Anzahl von Grundformen vorstellen, d.h. Strukturen, die für die verschiedenen Gebäudetypen repräsentativ sind, und von denen viele noch nie veröffentlicht wurden. Für keinen dieser individuellen Formenbereiche war eine umfassende Darstellung angestrebt. Die Ausstellung, ausgewählte Photographien aus dem Becherschen Werk, zeigt sowohl Grundformen als auch Typologien. Darüber hinaus enthält sie einige Beispiele der Becher'schen Industrielandschaften, Dokumentationen gesamter Industrieanlagen in ihrer natürlichen Umgebung, die von Aufnahmen derselben Industrieanlagen aus verschiedenen Blickwinkeln, den sogenannten Abwicklungen, begleitet werden.

STILGESCHICHTE DER KALKULIERTEN FORM
ZU DEN PHOTOGRAPHIEN VON BERND UND HILLA BECHER

SUSANNE LANGE

Es gibt nur wenige Künstler, die, wie Bernd und Hilla Becher, mit ihrem Werk weltweit in zum Teil ganz unterschiedlichen Sammlungskontexten anzutreffen sind. In der bildenden Kunst gehören sie seit den 1960er Jahren neben Carl Andre, Donald Judd, Robert Smithson oder Sol LeWitt zu den Vertretern der Minimal und Concept Art. In der Photogeschichte werden ihre Arbeiten in einem Atemzug mit Namen wie Eugène Atget, Walker Evans, Karl Blossfeldt oder August Sander genannt, mit denen Bernd und Hilla Becher die Vorliebe für die dokumentarischen und zugleich erzählerischen Qualitäten des Mediums teilen. Kulturhistorisch verankern sich ihre brillanten Schwarzweißphotographien industrieller Nutzbauten in der Architektur- und Technikgeschichte, wo sie für das Forschungsfeld der Industriearchäologie schon früh Impulse für eine Erweiterung des Aufgabenbereichs der Denkmalpflege gaben.

Darüber hinaus haben Bernd und Hilla Becher mit ihren Photographien von Wassertürmen, Fördertürmen, Hochöfen, Silos oder Gasbehältern auch wahrnehmungsästhetisch neue Maßstäbe gesetzt, indem sie den bis dahin kaum für die Öffentlichkeit zugänglichen und überwiegend mit negativen Konnotationen verbundenen Bereich der Schwerindustrie für eine künstlerische Betrachtung erschlossen haben. Wer erinnert sich nicht an dieses fast freudige Wiedererkennen, wenn man während einer Fahrt durch die wenigen intakten oder ehemaligen Industriegebiete plötzlich einem Becher'schen Wasser- oder Förderturm zu begegnen glaubt. Untrennbar sind diese apparatehaften Konstruktionen heute mit dem Werk der beiden Künstler verbunden. Selbst wenn die Bauten in Wahrheit farbig gefaßt und von der Witterung rostrot gezeichnet sind, sehen wir sie – wie in den Photographien von Bernd und Hilla Becher – schwarzweiß, als vollendete Skulpturen einer vergangenen industriellen Epoche. Mit Hilfe der Kamera aus der Zeit herausgelöst und aus ihrem ursprünglichen, oftmals verwirrend komplizierten Umfeld isoliert, erscheinen die Bauten als monumentale Wahrzeichen ihrer eigenen Geschichte, und in ihrer stilistischen Vielfalt stehen sie den großen architektonischen Meisterwerken kaum nach.

Wenngleich Bernd und Hilla Becher seit nunmehr 45 Jahren ausschließlich mit der Photographie arbeiten, die sie technisch und formal bis in die kleinsten Details beherrschen, zielt ihr Interesse nicht primär auf eine medienspezifische Auseinandersetzung. Ihre

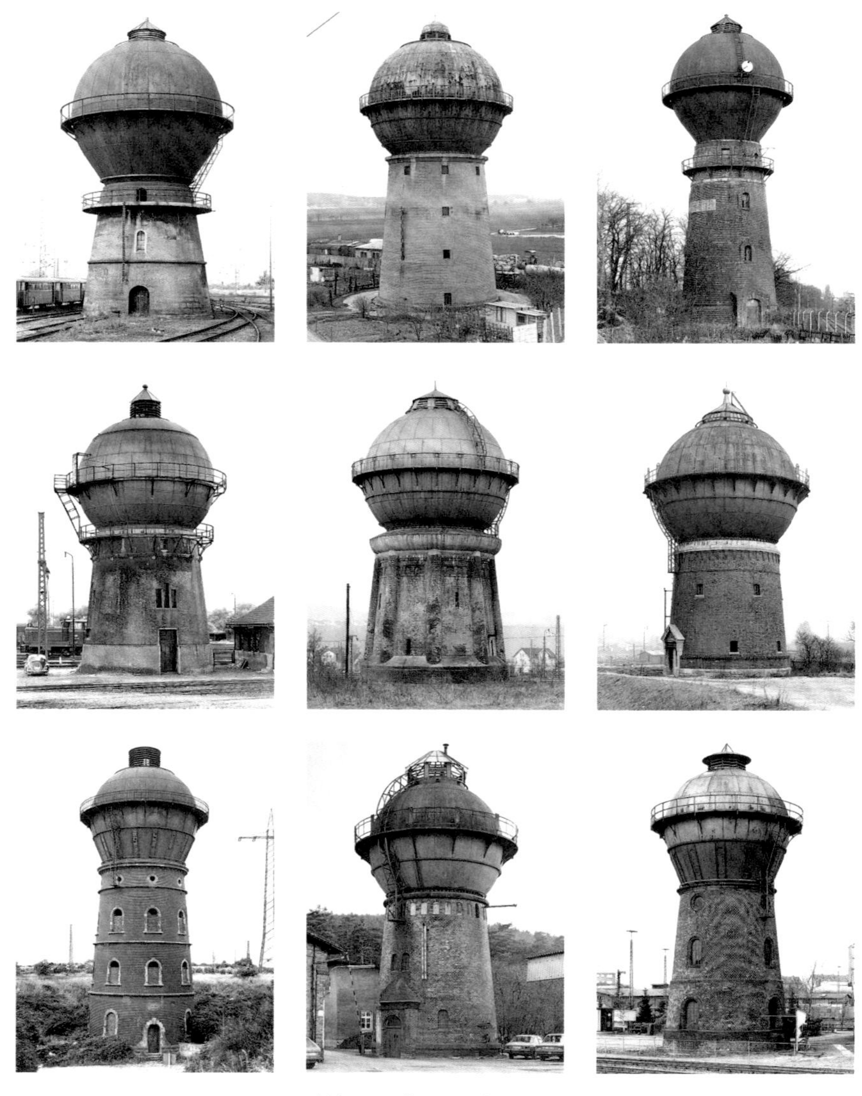

Wassertürme, 1965–82

Leidenschaft gilt den Objekten selbst, die sich nur mittels der Photographie möglichst exakt und in einem systematischen Umfang bewahren ließen. Wie jede mit Hilfe der Kamera oder des Films erzeugte Aufnahme sind auch die Schwarzweißphotographien der Bechers letztlich verfremdete Wirklichkeitszitate, und überwiegend durch die von den Künstlern kontinuierlich beibehaltene Methode der sachlich präzisen Erfassung der Motive erschließt sich die um Objektivität bemühte Dimension ihres Schaffens. Objektivität meint in diesem Zusammenhang den Verzicht auf suggestive Bildwelten, Symbolik oder Metaphorik, angestrebt ist nicht die Darstellung subjektiver Befindlichkeiten, sondern die möglichst exakte Beschreibung der äußeren Welt.

So stehen die Arbeiten der Bechers in ihrem Entstehungskontext außerhalb der Tradition postexpressionistischer Äußerungsformen der Nachkriegszeit, vielmehr zeichnen sie sich konzeptionell und in der inhaltlichen Analyse industrieller Grundformen und -strukturen durch eine Nähe zur internationalen Avantgarde der 1960er Jahre aus. In der Rezeption von Minimal und Concept Art finden ihre zunächst als spröde und unprätentiös begriffenen Photographien von Industriearchitekturen eine nachhaltige Verankerung. Von Bedeutung war in diesem Zusammenhang ein 1972 von Carl Andre in *Artforum* veröffentlichter Artikel mit dem Titel „A Note on Bernhard and Hilla Becher", in dem das typologische Anliegen ihres Werkes erstmals mit der seriellen Arbeitsweise und Formanalyse der neuen Kunsttendenzen in Verbindung gebracht wurde.[1] Obwohl Bernd und Hilla Becher ihre Arbeit stets relativ unabhängig von aktuellen Kunstströmungen formuliert und entwickelt haben, sind Gemeinsamkeiten gegeben. Hilla Becher beschrieb diese 1992 in einem Interview mit dem damaligen Direktor des Kölnischen Kunstvereins, Wulf Herzogenrath, mit folgenden Worten: „Was wir möglicherweise gemeinsam hatten, war die methodische Darstellung, Verzicht auf persönliche Interpretation, Eingehen auf das Objekt, das enzyklopädische Element."[2]

Der Weg dorthin geht gleichwohl auf die intensive Auseinandersetzung mit der seit Mitte der 1950er Jahre rapide sich verändernden europäischen Industriestruktur zurück und findet seinen Ausgangspunkt in der Biographie Bernd Bechers. Schon als Kind und Jugendlicher galt sein sich gerade formulierendes künstlerisches Interesse den Nutzbauten der Industrie und der durch sie in eindrücklicher Weise definierten Landschaft. Bernd Bechers Elternhaus in Siegen stand unweit dem Gelände der „Hainer Hütte", und die in dem Hüttenwerk täglich vorgenommenen Arbeitsvorgänge konnte er nicht nur sehen, sondern auch hören und riechen. Diese Vertrautheit mit der Industrie von Kindesbeinen an als selbstverständlicher Bestandteil des täglichen Lebens sollte ihn nicht mehr loslassen. Nach einer Lehre als Dekorationsmaler im väterlichen Betrieb und einem längeren Aufenthalt in Italien, wo er sich im Architekturzeichnen übte, nahm Bernd Becher 1954 sein Studium der Malerei, Typographie und Graphik an der Staatlichen Kunstakademie in Stuttgart bei Karl Rössing auf. Rössing, ein noch in der Zeit der Neuen Sachlichkeit verwurzelter Künstler, wußte die Begeisterung des jungen Studenten für technische und industrielle Formen zu fördern und in der künstlerischen Tradition der 1920er und 1930er Jahre zu verankern.

Als Mitte der 1950er Jahre das Siegerland, das bereits seit Jahrhunderten aufgrund sei-

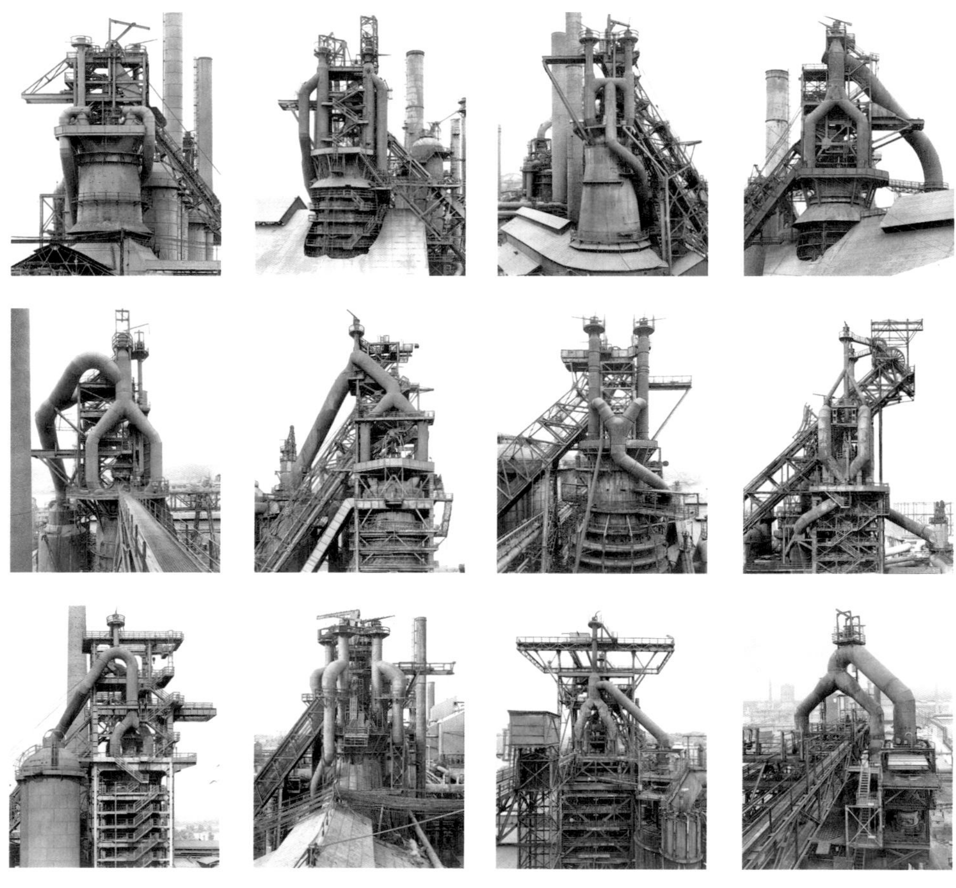

Hochöfen, 1970–89

ner reichen Eisenerzbestände für die industrielle Nutzung von Bedeutung war, durch die Gründung der Europäischen Wirtschaftsgemeinschaft (EWG) einem grundlegenden Strukturwandel unterzogen wurde, sah Bernd Becher schnell voraus, wie sich diese Entwicklung innerhalb kurzer Zeit auch auf andere Industriegebiete auswirken würde. Schon bald wurden die ersten Bergwerke aus Effizienzgründen stillgelegt und für den Abriß freigegeben. Aus alter Gewohnheit kehrte Bernd Becher noch während seiner Semesterferien ins Siegerland zurück, um dort vor Ort in den Erzgruben detaillierte Zeichnungen der Anlagen und ihrer Gebäude anzufertigen. Ein Ziel seiner vielen Besuche war auch 1957 die Grube „Eisenhardter Tiefbau" in Eisern, Kreis Siegen. Noch während er hier die Aufbereitungsanlage und den Förderturm des Bergwerks zeichnete, setzten die Abbrucharbeiten ein. Mit einer geliehenen Kleinbildkamera erstellte er erste Aufnahmen als

Gedächtnisstütze für seine Zeichnungen und deren Weiterführung in Linolschnitte, Gouachen oder Lithographien. Die Kleinbildaufnahmen ermöglichten ihm, ungeachtet der technisch zunächst sicherlich unzulänglichen Ergebnisse, eine neue und allein mit dem Medium der Zeichnung nicht zu erreichende Genauigkeit. Wenig später entschied er sich für eine ausschließliche Nutzung der Kamera, um im Bild festzuhalten, was innerhalb seiner gewohnten Lebenszusammenhänge verschwand. Noch im selben Jahr, 1957, wechselte Bernd Becher an die Staatliche Kunstakademie in Düsseldorf, um bei dem Graphiker Walter Breker das Studium der Typographie weiterzuführen. Zunächst nutzte er die Technik der Collage zur künstlerischen Bearbeitung seiner ersten photographischen Versuche, bald darauf entdeckte er die Methode der vergleichenden Gegenüberstellung verwandter Objekte für eine Strukturierung und formale Analyse der von ihm photographierten Motive. 1989 beschrieb Bernd Becher seine Entscheidung rückblickend in einem Interview wie folgt: „[...] Und seitdem habe ich mich ganz auf die reine Fotografie konzentriert und sehr schnell diese Systematik entwickelt, daß man die einzelnen Elemente einer Anlage für sich fotografiert und mehrere Objekte derselben Art zu typologischen Serien vereinigt. Also Tableaus aus mehreren Aufnahmen angelegt, die verschiedene Beispiele etwa von Fördertürmen zeigen, anhand derer sich erkennen läßt: welche Elemente machen den Typus des Förderturms zu einer bestimmten Zeit aus und welche regionalen Spielarten dieses Typus wurden entwickelt.“[3]

Das Prinzip der Typologie als Ordnungskriterium der photographisch gesammelten Objekte war geboren und wurde in der seit 1959 bestehenden Zusammenarbeit mit Hilla Wobeser ausformuliert und perfektioniert. Sie teilte mit Bernd Becher nicht nur die Faszination für die Motivwelt, sondern brachte neben anderen Dingen vor allem die genaue Kenntnis der photographischen Technik in die gemeinsame Arbeit ein. Sie hatte bereits mit 13 Jahren zu photographieren begonnen und erfuhr durch ihre Mutter, die in den 1920er Jahren in Berlin im Lette-Verein als Photographin ausgebildet worden war, eine wichtige Unterstützung ihrer jugendlichen Ambitionen. 1951 begann Hilla Wobeser eine dreijährige Ausbildung in dem traditionsreichen Photographenatelier Eichgrün in ihrer Geburtsstadt Potsdam und lernte hier das Photographenhandwerk noch einmal von der Pieke auf. Ernst Eichgrün arbeitete ungeachtet technischer Neuerungen nach wie vor mit einer hölzernen Plattenkamera und lehrte Hilla Wobeser die grundlegenden Kenntnisse der Portrait-, Sach- und Architekturphotographie. Gemeinsam mit ihm hielt sie die Gärten und Gebäude im Park des Potsdamer Schlosses Sanssouci für ein Buchprojekt fest und übernahm in eigener Regie eine umfangreiche Dokumentationsarbeit in einem Ausbesserungswerk der Reichsbahn. Hier wie in nachfolgenden Aufträgen und in eigenen Studien wuchs ihr grundsätzliches Verständnis technischer Grundformen, die sie auch in

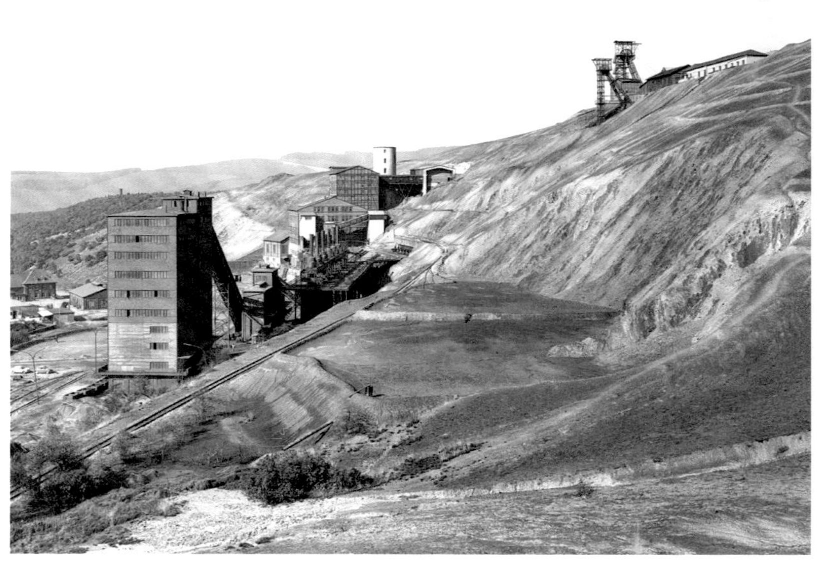

Grube San Fernando, Herdorf, Siegerland, D 1961

Industriegebieten zu photographieren begann. Nach dem Abschluß ihrer Lehre ging Hilla Wobeser in den Westen; in Hamburg war sie unter anderem im Bereich der Luftbildphotographie tätig, bis sie 1957 nach Düsseldorf zog, um dort eine Anstellung in einer Werbeagentur aufzunehmen, in der auch Bernd Becher während seiner Semesterferien arbeitete. Ein Jahr später begann sie ihr Studium an der Kunstakademie in Düsseldorf, wo ihr die Einrichtung eines Photolabors übertragen wurde, in dem sie Kurse für ihre Mitstudenten abhielt. 1961 heirateten Bernd und Hilla Becher und verließen die Akademie.

Aus finanziellen und organisatorischen Gründen konzentrierte sich ihr Arbeitsumfeld in den ersten Jahren auf das vertraute Industriegebiet des Siegerlandes. Neben den Erzbergwerken und Hütten entdeckten sie bald auch die für diese Region typischen Fachwerkhäuser für ihr Vorhaben. 1963 entstanden die ersten Aufnahmen im nahegelegenen Ruhrgebiet, von wo aus Bernd und Hilla Becher ihren Radius stetig ausweiteten. Es folgten Holland, Belgien, Nordfrankreich, Luxemburg und das Saarland, im weiteren England, Schottland und Wales, wo sie sich 1966 im Rahmen eines Stipendiums des British Council rund ein halbes Jahr aufhielten, und 1968 erstellten sie die ersten Aufnahmen in den Industriegebieten Nordamerikas. Viele Zechen, Hüttenwerke, Kokereien, Kraftwerke oder Kies- und Schotterwerke haben sie seitdem über die Jahre hinweg wiederholt aufgesucht und zum Teil in Gänze dokumentiert, bevor oder noch während die Abbruch-

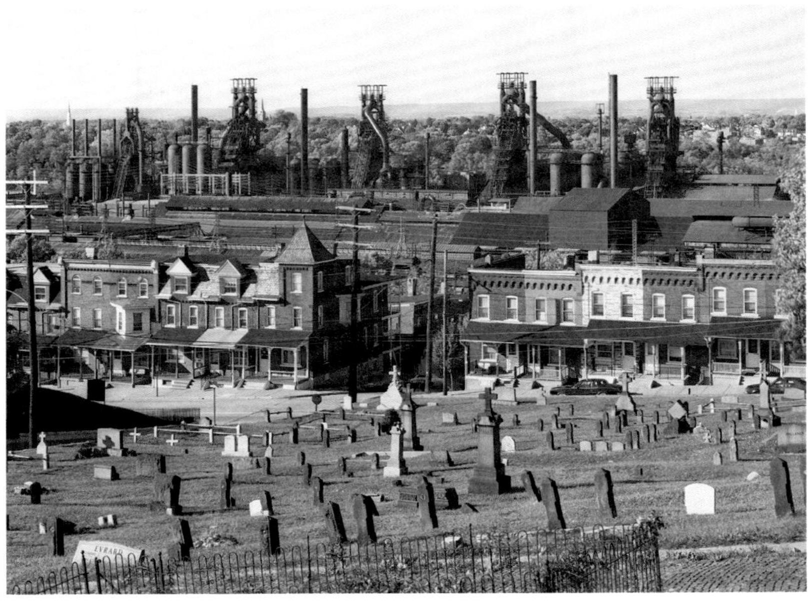

Bethlehem, Pennsylvania, USA 1986

arbeiten begannen. In vielen Fällen war es notwendig, im Verlauf von Informationsreisen zunächst die späteren Aufnahmestandpunkte abzuklären und Photographiegenehmigungen einzuholen. Waren die ersten Explorationen erfüllt, galt es für die Umsetzung die entsprechenden Wetterbedingungen und jene für ihre Aufnahmen entscheidende Beleuchtungssituation abzuwarten, die bei Sonnenschein und gleichzeitiger Wolkenbildung einen weitgehend neutralen Hintergrund gewährleistet. Die belichteten Negative mußten bei längeren Reisen oft noch vor Ort in improvisierten Dunkelkammern entwickelt werden, um die Ergebnisse zu überprüfen und gegebenenfalls zu wiederholen. Fast immer spielte der Faktor Zeit eine entscheidende Rolle und begann die Auswahl der Objekte auf seine Weise zu strukturieren. Einige Anlagen waren noch vor der Ankunft von Bernd und Hilla Becher abgerissen worden, und die Entscheidung für weitere Objekte wurde mehr und mehr eine Frage der Erfahrung und des mittlerweile erarbeiteten Wissens, das es ermöglichte, bestimmte Werkgruppen, wie beispielsweise die der Wassertürme, Fördertürme oder Hochöfen, sukzessive um typische Beispiele zu erweitern. Immer aber war es eine subjektive und von Auftragssituationen freie Entscheidung, die zugleich Lücken und Vorlieben innerhalb des Becher'schen Werkes verdeutlicht.

Schon von Beginn an perfektionierten Bernd und Hilla Becher ihre Aufnahmemethode. Die bis heute für das Werk der beiden Künstler bekannteste Form der Darstellung ist

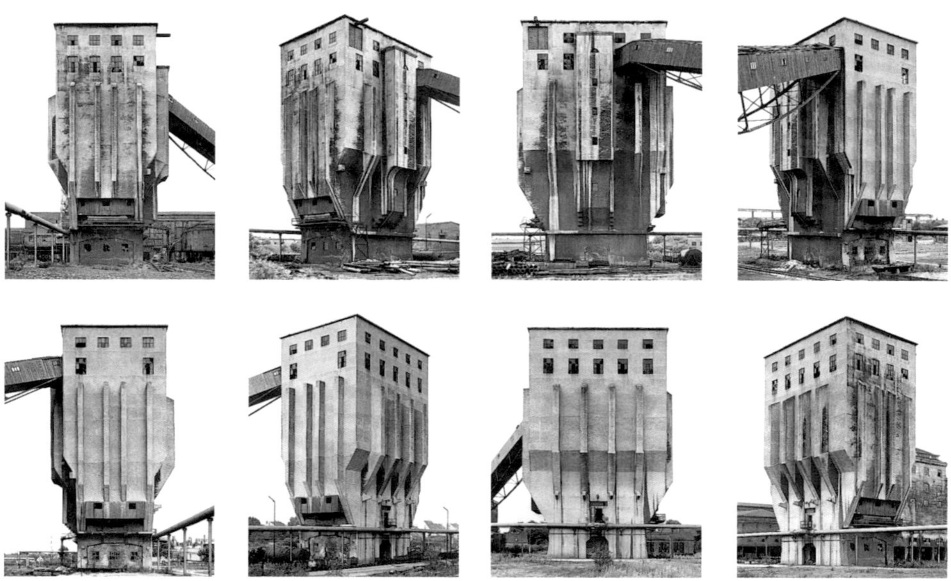

Kohlebunker, Zeche Hannibal, Bochum-Hofstede, Ruhrgebiet, D 1973

die frontale Erfassung des Gegenstands von Kopf bis Fuß, der zudem formatfüllend ins Bild gesetzt wird. Da sich die Darstellung stets an der Konstruktion des individuellen Gegenstands ausrichtet, werden komplexere funktionale Gebilde und Gebäudestrukturen stets in mehreren Ansichten photographiert. Diese optischen Abwicklungen zeigen die Motive in mindestens einer frontalen und einer perspektivischen Ansicht, bis zu acht verschiedene Ansichten ergeben sich aus der systematischen Umschreitung eines Objekts in einem Winkel von 45 Grad. Hiervon ausgenommen sind konzentrische beziehungsweise drehsymmetrische Bauten wie die Gasbehälter, die Wassertürme oder die Kühltürme, die meist nur in einer Aufnahme festgehalten werden.

Was hier als formale Raffinesse anmutet, ist tatsächlich die vollkommene deskriptive Darstellung des realen Objekts, das vermittels der Bildabfolge als dreidimensionaler Körper nachvollziehbar wird. In ähnlicher Weise haben Bernd und Hilla Becher das Gesamtbild einzelner Anlagen von verschiedenen Standpunkten aus dokumentiert. Diese erst in jüngster Zeit vermehrt in Büchern und in Ausstellungen zu sehenden Industrielandschaften archivieren die Topographie ganzer Anlagen und zeigen die in den Einzelaufnahmen aus ihrem Umfeld herausgenommenen Objekte in ihrem ursprünglichen Kontext. Einmal mehr wird so das Verständnis für den hochkomplizierten Aufbau industrieller Anlagen ermöglicht. Das Segmentieren ganzer Anlagen und das Herauslösen prägnanter

Gebäudetypen, die sodann in neuen Bildgruppen wieder zueinander in Beziehung gesetzt werden, ist letztlich eine neue Form der photographischen Collage oder Montage, die in ihrem Grundprinzip der menschlichen Wahrnehmung folgt.

Die an naturwissenschaftlichen Verifizierungsmethoden orientierte Arbeitsweise von Bernd und Hilla Becher verdeutlicht sich vor allem in den Typologien, die schon Anfang der 1960er Jahre für die Präsentation ihrer Photographien von Bedeutung wurden, und die bis heute in weiten Teilen das Erscheinungsbild des Werkes in Ausstellungen bestimmen. Die an der „wissenschaftlich[en] Beschreibung und Einteilung eines Gegenstandsbereichs nach Gruppen von einheitlichen Merkmalkomplexen“[4] orientierte Methode dient in der vergleichenden Morphologie der Erforschung der Artenvielfalt, die im Hinblick auf Analogien und Konvergenzen untersucht werden, um den Typus einer Gattung herauszukristallisieren. Gerade in der Morphologie oder Formenlehre sehen Bernd und Hilla Becher Parallelen zu ihrer eigenen Vorgehensweise, die sie 1992 in einem Gespräch weiter ausgeführt haben: „Wenn man diese Methode auf andere Bereiche überträgt, läßt sich eigentlich jedes Thema bearbeiten. Man kann zum Beispiel sagen, daß auch ein Hochofen, der im vorigen Jahrhundert gebaut wurde und sich seitdem ständig erneuert und Röhrensysteme hinzubekommen hat, bestimmte Stadien durchläuft, wie ein Insekt. Hier wie dort kann man die Entwicklung in der Zeit genau nachvollziehen und mit ähnlichen oder abweichenden Erscheinungsformen vergleichen.“[5] So fassen Bernd und Hilla Becher ihre Motive in den Typologien zunächst nach Werkgruppen zusammen, die im Laufe der Jahre, mit dem kontinuierlichen Sammeln typischer Objekte, zunehmend verfeinert und weiter unterteilt wurden. Aus den Werkgruppen formen sich Objektfamilien, in denen die Motive nach ihren Baumaterialien wie Holz, Beton oder Stahl unterschieden werden und die ihrerseits wiederum in zahlreichen Unterarten und Varianten existieren. Frontale und perspektivische Ansichten bis zu Detailaufnahmen der Konstruktion, wie die bildliche Konzentration auf den Förderturm- und Hochofenkopf, gliedern die Grammatik der Typologien weiter auf.

Ungeachtet dieser stringenten Systematik leben die Typologien letztlich von dem ästhetischen Formempfinden der Künstler, die bei der Zusammenstellung ihrer Typologien beeindruckende Tableaus von beispielsweise 9 oder 15 Aufnahmen komponieren. Jede Typologie hat dabei ihren eigenen Klang, der sich in der scheinbar endlosen Variation ähnlicher und doch verschiedener Grundmuster zu einer musikalischen Komposition entfaltet und zu einer faszinierenden Partitur graphischer beziehungsweise skulpturaler Formkraft verdichtet. Die Übertragung dreidimensionaler Gesetzmäßigkeiten auf die zweidimensionale Fläche (der Wand) korrespondiert darüber hinaus einmal mehr mit einem Grundanliegen der Minimal Art und führte 1990, anläßlich des Beitrags von Bernd und

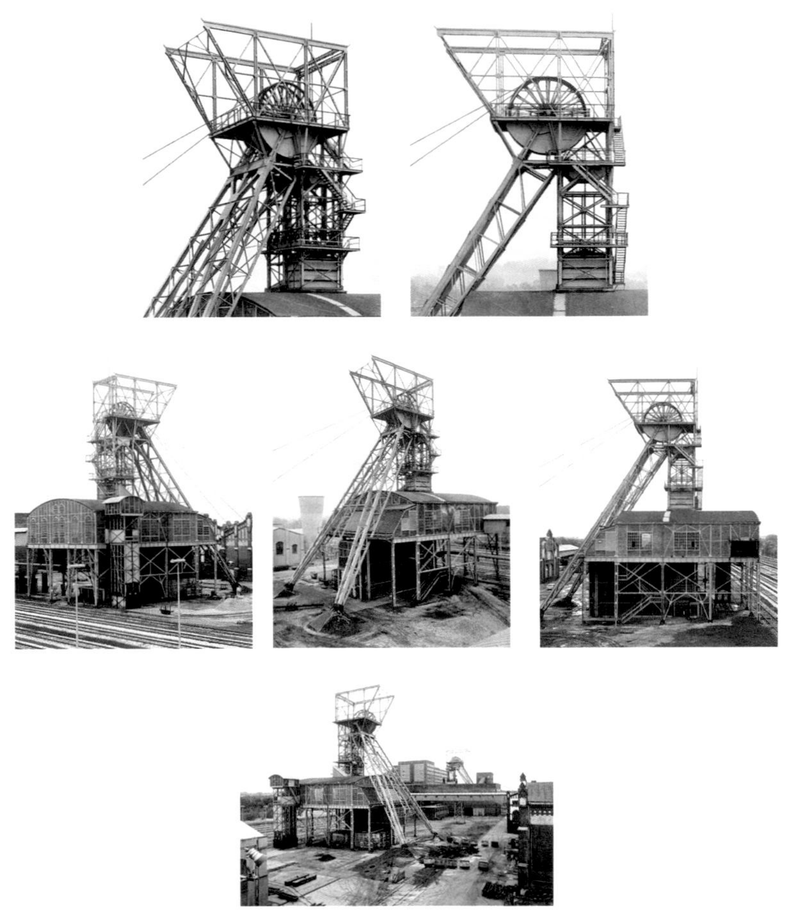

Zeche Waltrop, Waltrop, Ruhrgebiet, D 1982

Hilla Becher auf der Biennale in Venedig, zur Verleihung des Golden Löwen – dem Preis für Skulptur. Dieser Preis galt dem Werk gleich in doppelter Hinsicht, da auch die photographierten Objekte in ihrer stilistischen Formenvielfalt als Skulpturen angesehen werden können. Im Unterschied zum traditionellen Verständnis dieser Gattung begegnen sie uns hier anonym, ohne Autor, als Produkte technischer Verbesserungen und ökonomischer Notwendigkeiten, die das äußere Erscheinungsbild dieser Konstruktionen einem ständigen Wandlungsprozeß unterwarfen.

Die Bezeichnung „anonyme Skulpturen" als Äquivalent des künstlerischen Anliegens der Bechers reicht bis in das Jahr 1969 zurück. In diesem Jahr erschien ihre erste Veröffentlichung im Kunstkontext unter ebendiesem Titel als zweite Ausgabe der in Düsseldorf herausgegebenen *Kunst-Zeitung*[6]. Im darauffolgenden Jahr realisierten Bernd und Hilla Becher ihre erste Monographie, die den Titel erneut aufgriff und fortan die Rezeption ihres Werkes bestimmte. Was rückblickend als fast prophetischer Kunstgriff erscheint, diente in den ausgehenden 1960er Jahren zu einer ersten Positionierung des eigenen Arbeitsanliegens, mit der sich Bernd und Hilla Becher von den damals vorherrschenden Kunstrichtungen wie dem deutschen Informel einerseits und der „subjektiven Fotografie" andererseits gleichsam spielerisch-ironisch abzusetzen suchten. Durch Konrad Fischer, dessen Galerie in Düsseldorf schon bald zum Zentrum der internationalen Avantgarde wurde, schlossen Bernd und Hilla Becher frühe Freundschaften mit Carl Andre, Sol LeWitt und anderen, mit denen sie über viele Jahre in zahlreichen Gruppenausstellungen vertreten sein sollten. Exemplarisch kann die 1972 von Harald Szeemann kuratierte „documenta 5" in Kassel herausgegriffen werden, die erstmals die neuen Medien wie Film und Video, Performances und Installationen in einem internationalen Überblick zusammenführte.[7] Im gleichen Jahr nahm auch die Galeristin Ileana Sonnabend die Künstler in ihr Programm auf und zeigte die erste Einzelausstellung der Bechers in New York, aus der eine bis heute andauernde intensive Zusammenarbeit resultierte. Zwei Jahre später wurden Bernd und Hilla Bechers Arbeiten erstmals im Bereich zeitgenössischer Photographie rezipiert. Zusammen mit Robert Adams, Lewis Baltz, Stephen Shore und anderen waren sie Teil der heute legendären Ausstellung „New Topographics: Photographs of a Man-altered Landscape", die am George Eastman House in Rochester veranstaltet wurde und unterschiedliche Positionen in der Auseinandersetzung mit der durch die Industrie geprägten Landschaft und Kultur zusammenführte.

Bereits auf der „documenta 6" in Kassel, die 1976 unter der künstlerischen Leitung von Manfred Schneckenburger stand, wurden die Photographien der Bechers zum ersten Mal im Zusammenhang mit verwandten Positionen der Photogeschichte gezeigt. Neben Werken von Lee Friedlander und Diane Arbus standen Bernd und Hilla Becher in einem Kontext mit den frühen Bewegungsstudien von Eadweard Muybridge, den lyrisch-dokumentarischen Arbeiten von Walker Evans in der Erkundung der amerikanischen Alltagskultur, Karl Blossfeldts systematischen und meist vielfach vergrößerten Pflanzenstudien auf der Suche nach Analogien von Kunst und Natur sowie den Portraitphotographien August Sanders. Insbesondere Sanders umfangreiches Mappenprojekt „Menschen des 20. Jahrhunderts", mit dem er die Stände und Klassen, die Berufstypen und familiären Strukturen der Weimarer Republik in Form von individuellen Portraits und universalen Menschenbildern zugleich zu beschreiben suchte, steht dem enzyklopädischen Ansatz von Bernd und Hilla Becher nahe. Wie Bernd Becher so hatte auch Sander einige Jahrzehnte zuvor seine ersten Aufnahmen im Siegerland gemacht, als er Ende des 19.

Jahrhunderts in Herdorf noch als Haldenjunge in einem der vielen Bergwerke arbeitete. Ein großer Teil von Sanders photographischen Ikonen gibt die einfachen Bauern und Handwerker seiner heimatlichen Region wieder, die er zum Ausgangspunkt für seine systematische Erkundung und Bewahrung der eigenen Kultur und Zeit machte. Auch für Sander wurde der Begriff des Typischen zu einer bedeutungsvollen Komponente seiner Arbeit, die Sachlichkeit und das Bemühen um Objektivität ebenso voraussetze wie die persönliche Passion für das von ihm verfolgte Thema.

Eine weitere Traditionslinie der Bechers reicht zurück zu den Anfängen der Industriedarstellung in der Malerei und Graphik, bis das Sujet Eingang in das Medium Photographie fand und schließlich von den Unternehmen selbst in Form von photographischen Archiven verwaltet und verwertet wurde. In einigen Industriearchiven des Siegerlandes und des Ruhrgebiets haben Bernd und Hilla Becher gleich zu Beginn ihrer Zusammenarbeit nach möglichen Überschneidungen und Lücken zu ihrem eigenen Arbeitsvorhaben geforscht, einige hundert Photographien, darunter auch anonyme Bilder aus stillgelegten Zechen und Lohnwirtschaften haben Eingang in die Sammlung der Künstler gefunden. Zum Thema Industrie und Technik legten sie gar ein umfangreiches Arbeitsarchiv an, das die möglichst lückenlose Erforschung des gewählten Gegenstandsfeldes verdeutlicht. Dabei sind die Anregungen, die ihr unermüdliches Interesse für die profanen Industriearchitekturen auch für das Gebiet der Denkmalpflege gegeben haben, von großer Bedeutung. Eines der frühesten unter Denkmalschutz gestellten Objekte des Ruhrgebiets war 1970 die Zeche *Zollern 2* in Dortmund-Bövinghausen, die Bernd und Hilla Becher ein Jahr zuvor ausführlich zu dokumentieren begonnen hatten. Im Rahmen eines entlang der Bundesstraße B1 im Ruhrgebiet geplanten Projekts, zu dem verschiedene Künstler zur Gestaltung des Außenraums eingeladen wurden, regten Bernd und Hilla Becher statt eines neuen Entwurfs die Erhaltung der wichtigsten, entlang der Route gelegenen Industriebauten an. Aus dieser ebenso schlüssigen wie pragmatischen Idee, die das Anliegen der Künstler nochmals anschaulich unterstreicht, resultierte schließlich eine umfängliche Erhaltungskampagne der Maschinenhalle der Zeche *Zollern 2*,[8] der viele weitere Anstrengungen, die sich um die Bewahrung der industriellen Zeugnisse bemühten, auch in Europa folgen sollten.

Für ihr Lebenswerk haben Bernd und Hilla Becher insbesondere in den letzten Jahren zahlreiche wichtige Preise und Ehrungen erhalten. Bei der Begründung der Preisvergaben stand häufig auch der Einfluß der beiden Künstler im Rahmen ihrer erfolgreichen Lehrtätigkeit an der Kunstakademie in Düsseldorf im Vordergrund. Zwischen 1976 und 1996 hatte Bernd Becher hier in Zusammenarbeit mit Hilla Becher die erste Professur für künstlerische Photographie inne. Die große Gabe von Bernd und Hilla Becher, die im

Zusammenhang mit ihrer eigenen Arbeit und in der Auseinandersetzung mit der künstlerischen Tradition gemachten Erfahrungen an nachfolgende Generationen von engagierten und an der Photographie interessierten Künstlern weiterzugeben,[9] hat nicht nur Kunstgeschichte geschrieben, sondern verankert ihr eigenes Werk auch in zukünftigen, noch zu entdeckenden Positionen.

Köln, Juni 2004

ANMERKUNGEN

[1] Carl Andre: „A Note on Bernhard and Hilla Becher", in: *Artforum*, Dezember 1972, S. 59.

[2] Unveröffentlichtes Interview von Wulf Herzogenrath mit Bernd und Hilla Becher am 10.9.1992 (Archiv Bernd und Hilla Becher).

[3] Bernd Becher zitiert nach Michael Köhler: „Interview mit Bernd und Hilla Becher", in: *Künstler. Kritisches Lexikon der Gegenwartskunst*, hrsg. von Lothar Romain und Detlef Bluemler, Ausgabe 7, München: WB Verlag, 1989, S. 14.

[4] *Brockhaus Enzyklopädie*, 19., völlig neu bearbeitete Auflage, Bd. 22, Mannheim: F.A. Brockhaus GmbH, 1993, S. 528.

[5] Bernd und Hilla Becher in einem Interview mit Susanne Lange, in: *Bernd und Hilla Becher: Industrielandschaften*, München: Schirmer/Mosel Verlag, 2002, S. 11.

[6] *Kunst-Zeitung*, Nr. 2, hrsg. von Hans Kirschbaum, Eugen Michel, Düsseldorf, Januar 1969.

[7] In der gemeinsam von Konrad Fischer und Klaus Honnef konzipierten „Idee-Sektion" der „documenta 5" waren Bernd und Hilla Becher mit sieben Typologien in einem Raum mit Arbeiten von Mel Bochner, John Baldessari und Stanley Brouwn vertreten. Der Beitrag von Bernd und Hilla Becher bestand aus Typologien von Gasbehältern, Wassertürmen und Kühltürmen in einer Anordnung von jeweils 3 x 3 Photographien.

[8] Über 140 der von Bernd und Hilla Becher in einem Zeitraum von nur zwei Jahren gemachten Aufnahmen der Zeche erschienen 1977 im Rahmen des Forschungsunternehmens zur Kunst des 19. Jahrhunderts der Fritz Thyssen Stiftung in einer Publikation. Vgl. *Bernhard und Hilla Becher: Die Architektur der Förder- und Wassertürme: Industriearchitektur des 19. Jahrhunderts*, Heinrich Schönberg und Jan Werth: *Die technische Entwicklung*, München: Prestel, 1971 [= Studien zur Kunst des 19. Jahrhunderts, Forschungsunternehmen der Fritz Thyssen Stiftung, Arbeitskreis Kunstgeschichte Bd. 13].

[9] Zu nennen sind in diesem Zusammenhang heute ihrerseits erfolgreiche Künstler wie Thomas Struth, Candida Höfer, Thomas Ruff, Andreas Gursky oder aus den jüngeren Generationen der ehemaligen Studenten Simone Nieweg, Bernhard Fuchs oder Natascha Borowsky.

First published to mark the presentation
of the Hasselblad Foundation International Award
to Bernd and Hilla Becher in Gothenburg
on November 20, 2004

Foreword translated from Swedish by Michael Garner
Essay translated from German by Malcolm Bell

Übersetzungen aus dem Englischen: Angela Meermann

Typesetting/Satz: Fotosatz Huber, Germering
Lithography/Lithographie: NovaConcept, Berlin
Printing and binding/Druck und Bindung: EBS, Verona

ISBN 978-3-8296-0694-3

Eine Schirmer/Mosel Produktion
www.schirmer-mosel.com